シヴァ神の眼から観た
地球の未来計画

Ryuho Okawa
大川隆法

まえがき

もはや地上の人間たちでは、追及できない壁のようなものを感じた。

インド神話では、ヴィシュヌ神がどちらかといえば主神で、シヴァ神は破壊と創造を司《つかさど》ると言われる。釈尊は、ヴィシュヌ神の顔の一つとされる。この点、インドの人々は、千の顔を持つ神の実相《じっそう》をよく知っていたのだろう。

本書に登場したシヴァ神は、どちらかというと、地球の文明のイノベーターであり、根元的には地球の九次元霊の誰かとつながっていると思われる。かつてのアレキサンダー大王や、ナポレオンなども、本書のシヴァ神から観《み》れば、自分の鱗《うろこ》一枚程度に過ぎないという。そして今、中国を背後から操《あやつ》っている闇《やみ》宇宙の帝王・アーリマンと戦っているという。
世界的なコロナ・パンデミックの背後に視《み》えてきた地球の未来計画の一部が、
今、公開される。

二〇二〇年　七月三十一日

幸福《こうふく》の科学《かがく》グループ創始者兼総裁《そうししゃけんそうさい》　大川隆法《おおかわりゅうほう》

シヴァ神の眼から観た地球の未来計画　目次

シヴァ神の眼から観《み》た地球の未来計画

二〇二〇年五月三十日　収録
幸福の科学　特別説法堂《せっぽうどう》にて

4　二〇二〇年が未来文明の分岐点《ぶんきてん》　59

5 シヴァ神から見た中国の未来 77

6 シヴァ神の霊的秘密に迫《せま》る 94

「霊言現象《れいげんげんしょう》」とは、あの世の霊存在の言葉を語り下ろす現象のことをいう。これは高度な悟《さと》りを開いた者に特有のものであり、「霊媒現象《れいばいげんしょう》」（トランス状態になって意識を失い、霊が一方的にしゃべる現象）とは異なる。外国人霊の霊言の場合には、霊言現象を行う者の言語中枢《ちゅうすう》から、必要な言葉を選び出し、日本語で語ることも可能である。

なお、「霊言」は、あくまでも霊人《れいじん》の意見であり、幸福の科学グループとしての見解と矛盾《むじゅん》する内容を含《ふく》む場合がある点、付記しておきたい。

シヴァ神の眼から観《み》た地球の未来計画

二〇二〇年五月三十日　収録
幸福の科学　特別説法堂《せっぽうどう》にて

シヴァ神

ヒンドゥー教で、ヴィシュヌ神やブラフマー神と並ぶ三大神の一人。破壊《はかい》と創造を司《つかさど》る。中世以降は、ヴィシュヌ神と共に二大神として信仰《しんこう》を集めるようになった。仏教では大自在天《だいじざいてん》と呼ばれる。

［質問者三名は、それぞれA・B・Cと表記］

1 破壊《はかい》の神ともいわれるシヴァ神を招霊《しょうれい》する

人格神ではない、地球レベルの「シヴァ神的な機能」が存在する

大川隆法　今日は、「シヴァ神の霊言《れいげん》」を録《と》りたいと思います。初めてだと思っていたのですが、実は二〇一一年のインド巡錫《じゅんしゃく》の前に、現地の霊界《れいかい》事情を調査するために、ヴィシュヌ神とシヴァ神を呼んでいたようです。

ただ、前回は、おそらくインドの民族神的な側面で出てきていたのではないかと思いますが、実は地球レベルで見ると、「シヴァ神的な機能」というものは一つの概念《がいねん》というか、機能としては存在するので、もう一段、人格神的でないものも存在しているのではないかと考えています。

その「シヴァ的なるもの」がいろいろな姿を取って、さまざまな国や民族に出ているのではないかと思うのです。

まあ、諸説ありまして、解説をしても虚《むな》しいのですけれども、簡単に、インド的に言えば、ヴィシュヌ神とシヴァ神というものが、やや〝対置〟されるような神としてあります。いわゆる「神のヤヌス性」ですね。神の非常によい面というか、人類に優《やさ》しい面と、怖《こわ》い面を象徴《しょうちょう》しているところがあると思います。

そして、ヒンドゥー教という、インドのいろいろな諸宗教をまとめてきているようなもののなかでは、仏教を説いた釈尊《しゃくそん》も「ヴィシュヌ神の顔の一つ」として、人格化したものとして吸収されているというように言われています。

シヴァ神というと、普通《ふつう》は「破壊《はかい》の神」と思われるのですが、必ずしもそうではないようなところもあります。

その意味で、インドの人の霊界観というか、悟《さと》りは、尋常《じんじょう》ではなかったのかもしれません。善と悪、悪と善はそれほど簡単に分かれるものではなく、輪っかのように回っているような感じに見ていたのだろうと思うのです。

ですから、「シヴァ神の機能」というものは、ガンジス河の氾濫《はんらん》したときのような感じの、ものすごい憤怒《ふんぬ》の形相《ぎょうそう》というか、田畑も人家も流されてしまうというような怖い面がありますけれども、しかし、そうした河の氾濫が、また次なる豊穣《ほうじょう》を招く面もあるので、「破壊の神」ではあるのに、「吉祥天《きっしょうてん》」としての面も持っているような描《えが》かれ方をすることが多くあります。

『黄金の法』等にも、過去の軍事的な英雄《えいゆう》のようなものがシヴァ神ではないか、シヴァ神と関係があるのではないかということで出してはいますが、はっきりとは分かりません。人格神的なものとして表現し切れるかどうかは分からないものがあります。そのように感じます。

『黄金の法』（幸福の科学出版刊）

まあ、霊界の上のほうに行けば人間ではなくなってくるので、そういうところもあるかもしれません。全部を人格神的に語れるようなものではないような気がしています。

「シヴァ神的なもの」が世界中で暴《あば》れているような状況《じょうきょう》

大川隆法　今日、シヴァ神の霊言をしようとした理由は、去年（二〇一九年）末ぐらいから始まった新型コロナウィルスによるパンデミックがあるからです。

今、世界では何百万人（現在　一千五百万人以上）も感染《かんせん》していますし、数十万人が亡《な》くなっています。アメリカでも百七十万人（現在　四百数十万人以上）ぐらいが感染していますし、たくさんの方が亡くなっています。まだコロナの中心地がどんどん移動していくような感じで広がっていますので、そう簡単に終わらないと思います。

日本では、いちおう緊急《きんきゅう》事態宣言が解除にはなったのですが、北九州等では、すでに第二波が始まっているかもしれないという意見もあります。ですから、まだ終わった段階ではないと思います。現時点では、感染者一万数千人（現在三万人以上）、死者もまだ千人弱、数百人（現在千人以上）ということなので、「世界的には少なすぎるのではないか。奇跡《きせき》か、あるいは何か特別な事情があるのか」と思われているような状態ですが、コロナの感染、病気、それから死亡というものも広がっていくとは思います。

それ以外に、これによる経済的な打撃《だげき》が、今、始まっていこうとしているところで、どのレベルまで大不況《だいふきょう》・大恐慌《だいきょうこう》になるかは分かりません。政府もいろいろな〝お金ジャブジャブ対策〟をやっているのですが、続くのか、破綻《はたん》するのか、今後どうなるかは、ちょっと分からない面もあります。

さらには、アメリカが大変な被害《ひがい》を出しましたので、発生地と思われる中国のほうが、被害が非常に少なく見えるのです。中国では八万人余りが感染して、数千人ぐらいの死亡で終わっているというのに、アメリカのほうは二百万人近い（現在 四百数十万人）感染を起こして十万人以上が亡くなり、いろいろな社会不安も経済不安も起きていますので、「アメリカの大統領だったら黙《だま》ってはいられない」というのは分かる気がします。日本に比べても感染者数が百倍ぐらいあるということなので、ちょっとありえないぐらいのところまで行っています。ですから、アメリカが攻撃《こうげき》されたかのように見えることは見えるでしょう。

ヨーロッパもそういう感じになりましたが、まだ、今、ブラジルやロシア等にも広がっています。

そのように、コロナ自体の問題から経済問題、それから、今、そういう意味で、米中の対立関係がまた高まってきています。

香港《ホンコン》問題に対しては、中国の全人代《ぜんじんだい》（全国人民代表大会）で、香港を中国に完全に組み入れるかたちで、香港に適用される法律（香港国家安全法）まで北京《ペキン》でつくってしまうというようなことを決めたので、これに対しては、デモがまた香港で起きています。

アメリカのほうも、これに対する対抗措置《たいこうそち》を宣言しているし、イギリスも、「イギリスに滞在《たいざい》していたことのある香港人等に、イギリス国籍《こくせき》を与《あた》えてもよい」ということで、いざというときは逃《に》げられるようにすることも考えたりしているようです。

欧米《おうべい》共に、中国に対して厳しい感じを持っていますが、中国は、「一党独裁の社会主義の勝利で、コロナも抑《おさ》え込《こ》めた。ほかの国がひどい目に遭《あ》っているので、中国のほうが救済側に立つのだ」というようなことを言っています。

疑われている武漢《ぶかん》のウィルス研究所等の研究者も所長も、「新型コロナウィルスはまったくの偶然《ぐうぜん》、自然のものであって、決して人為《じんい》的なものではない」ということで、否定して終わりにしているというような感じです。調査をさせない状態でそういうことを言って、アメリカとＷＨＯとの仲も悪くなって、決裂《けつれつ》するような状態になってきています。

また、イランなどでも第二波が起きていますし、このあと軍事的な問題も起きてきそうにも思いますので、ある意味で、「シヴァ神的なもの」が世界中で暴《あば》れているような状況にも見えます。

さらに、これ以外のものも出てくるかもしれません。

「シヴァ神的機能の中枢部《ちゅうすう》」近くへの接続を試みる

大川隆法　そういうことで、今日は、できれば、「地球レベルでシヴァ神的機能を果たしている者の中枢部《ちゅうすう》に近いところ」まで接続できればいいなと思っています。

（演台に供《そな》えられた果物《くだもの》を見て）前回の霊言で怒《おこ》られたので、今日はインド的なお祀《まつ》りをしているようですが、インド的なものだけではちょっと話が聞けないので、もう少し「中心部分」に近いところまで接続して、何か考えていることがあれば聞きたいと思います。いろいろな人（霊人《れいじん》）の意見を聞いてはいるのですが、もし意図しているものがあるのなら、このあたりを聞き出せたらいいかなと思っています。

（質問者に）それでは、よろしいですか？　適当に質問していただければと思います。

それでは、破壊の神ともいわれます、シヴァ神よ。破壊の神ともいわれます、シヴァ神よ。

幸福の科学に降りたまいて、現在、地球に起こそうとしていることなど、そのご意図、ご趣旨《しゅし》などを話していただければ幸いです。

シヴァ神よ。シヴァ神よ。よろしくお願いします。

（約五秒間の沈黙《ちんもく》）できれば、民族神的なものでないところまで、シヴァ神の意識体に入り込めれば幸いです。

（約五秒間の沈黙）

2 「シヴァ神 対 アーリマン」の戦い

コロナ・パンデミックの第一波は「序章」にすぎない

シヴァ神　うーん……………、ふうううーっ（息を大きく吐《は》く）。すうーっ、ほおーっ（息を大きく吸って吐く）。

質問者Ａ　こんにちは。

シヴァ神　うーん。

質問者A　シヴァ神のご降臨《こうりん》ということでよろしいでしょうか。

シヴァ神　うーん。

質問者A　今日は貴重な機会を賜《たまわ》りまして、本当にありがとうございます。

本日は、「地球に破滅《はめつ》的危機が迫《せま》っているのか」というテーマでお伺《うかが》いしたいです。最もふさわしい方のお一人として、「破壊《はかい》の神」といわれるシヴァ神様に、ご意見、お考えをお聞きしたいと考えております。

シヴァ神　うん。うん。うん。……うん。

質問者A　最初に確認させていただきますが、破壊の神・シヴァ神様はインドの方でいらっしゃいますか。

シヴァ神　ううん？

質問者A　それとも、世界を今ご覧になっている方でいらっしゃるのでしょうか。

シヴァ神　うーん。……うん。うん、両方だ。うん。両方だな。

質問者A　昨年末から、コロナ・パンデミックが中国発で世界中に広がって、地球規模での大変な危機を生み出しています。ウィルス感染《かんせん》の危機もありますけれども、これがやがて経済危機にも波及《はきゅう》するかもしれないという状況《じょうきょう》です。このあたりは、今、何かお考えになっているところはございますでしょうか。

シヴァ神　うーん、まあ、世界中に広がって、第一波は様子見《ようすみ》で、いろんな国へ行ってどういうふうになるかを見てる状態かなとは思うし、まあ、日本も一息ついてるところではあろうがなあ。

ただ……、まだ終わってはいないので。いちおう、大きな国の隅々《すみずみ》まで行き渡《わた》ったあと、次の狙《ねら》いをつけて、第二波、第三波は来ると思っているので。今の被《ひ》害《がい》はまだ「始まり」、「序章」だと思うよ、うん。

今、「シヴァ神 対 アーリマン」の戦いが起きている

質問者Ａ　今のこの危機を、ある意味での神意や天意として読み解くことが、人類に期待されているかと思います。そのあたりについては、何かお考えはございますでしょうか。

シヴァ神　まあ、どっちとも言えんなあ。

だから、人類自身の持ち来たらしたるものでもあるし、そういうことは、ある程度、われわれも予想しておったということでもあるんでねえ。

今、あれだろ？　中国が責任を認めないので、緊張《きんちょう》がまた高まってはきているんだろう？　まあ、自然に発生したかのように言ってるからなあ。

「自然に発生した」という言い方になれば、私のような神が起こしたということになる。結論は、そういうことになるわな。

だけど、「人工的に」といえば、人間が起こしたが、それをわれわれがまったく予想していないわけではないからなあ。

まあ、どっちかということではあるけれども、中国人の言うことは、だいたい正反対であるからして、「自分たちはやってない」と言う場合は「やってる」ということだよなあ。まあ、そういうふうに取っていいのではないかな。

だから、最初のころには習近平《しゅうきんぺい》が謝《あやま》っていたのが、とたんに、何カ月かたてば忘れて、全部、正反対のことを言ってるからな。まあ、そういう国なんだよ。

いやあ、私は何でも破壊するわけじゃあないんでね。単に破壊するだけだったら「悪魔《あくま》」に分類されてもいいわけなんで。「神」に分類されるというのは、いちおう「〝正義〟の建前があっての破壊」であるんでね。まあ、そういうことなんですよ。

まあ、中国にはね、私の考えとは違《ちが》ったものが、もう一種類いるんでね。これとの戦いもちょっと長く続いてはいるんで。かつては中東のほうにもいたんだが、「アーリマン」という存在だな。これがちょっと、十四億の人口を背景にして根を持っておるので。

破壊力を持ったもの同士でも、今、戦いはしてはいるんでね。「シヴァ神 対アーリマン」の戦いは起きているので。
まあ、これがどうなるかだなあ。ハッハッハッ（笑）。

質問者A　そうしますと、今おっしゃったとおり、「破壊の神」と呼ばれているけれども、アーリマンという存在に対して、「正義」を掲《かか》げて戦っているご存在であると。そして、それは現代のみならず、非常に長い歴史があると。

シヴァ神　だって、優《やさ》しくて愛を説くだけの神では、戦いはしにくかろうよ。だから、「もう一つの機能」を持っているのさ、それはね。
まあ……、しかたがないねえ。そういうことは、やっぱりあるわなあ。

質問者A　そうしますと、「神の正義」を体現しておられるということでしょうか。

シヴァ神　うん、そのつもりではいるけどね。ええ。

アーリマンは「地獄《じごく》の発生」にもかかわっている

質問者B　そうしますと、中国にもアーリマンが指導に入っているということですが、アーリマンに対しては、これからどのようなお考えで、どのように対処されるおつもりでしょうか。

シヴァ神　まあ、中国は十四億の人口を背景にな、今、一国で世界のような気分になろうとしてるからなあ。これと対抗《たいこう》すべく、インドが今、人口が十二億、十三億と増えてきているので、まもなく逆転すると思うので。あと、経済力、技術力等も、今、向上させてはおりますので。

中国の世界支配を目論《もくろ》んでおるんだろうと思うけど、どっこい、そうはさせないつもりで、インドが今、立ちはだかろうとはしているんでね。

まあ、釈尊《しゃくそん》も生んだ国ではあるんでね、インドはね。で、ヨーロッパ、アメリカともつながりがあることが、幸福の科学で証明されているんでね。

中国的なものが勃興《ぼっこう》してきて世界を支配して、中国的なるものが支配することが善だという考えを立てようとしているんだけれども、神と思《おぼ》しき者すらいないという状況ではあるわなあ。そこにいるのは「破壊の神」ではなくて、「破壊の悪魔」が、そこには存在すると思われるんでね。

このアーリマンっていうのは中東起源《きげん》で、欧米《おうべい》でエクソシストなどの対象になっている悪魔の根源の一つではあるんでね。私たちは、地球から追い出すつもりでいるんだけどね。

質問者C　アーリマンという中東にいた神は、正義という観点から見たときに、「悪神《あくしん》」「邪神《じゃしん》」、つまり「悪なる存在」であると考えてよろしいのでしょうか。向こうには向こうの考え方が……。

シヴァ神　「神」という言葉を付けると、うぬぼれるし、間違えやすいな。だけど、少なくとも「地獄《じごく》の発生」にもかかわってはおるだろうよ。●七大天使を張っとったような人を地獄に引きずり下ろすのは、普通《ふつう》の力では下ろせるわけがないだろうから。

質問者B　そのときも力を及《およ》ぼしていたということですか。

●七大天使を……　約1億2000万年前、七大天使の一人だったルシフェルがサタンという名で生まれたとき、欲に溺《おぼ》れて堕落。再び高級霊界に還ることができず、低位霊界に地獄界をつくって帝王となり、地獄領域を拡大しながら、地上に混乱を起こしている。『太陽の法』（幸福の科学出版刊）参照。

シヴァ神　と思うよ。だから、「地球的神に対する反乱計画」はあったものだと思われるね。

質問者C　七大天使の一人を引きずり下ろすときには、もうすでに存在していたのでしょうか。

シヴァ神　いたと思うよ。

質問者C　地球起源であると思われていた、〝悪魔の頭《かしら》〟をつくったということですか。

シヴァ神　つくったんじゃなくて、撃《う》ち落としたんだよ。

質問者C　撃ち落とした？

シヴァ神　うん。〝撃ち落とした〟んだよ。というか、自分たちの考えのほうに〝帰依《きえ》させた〟と言うべきかもしらんがなあ。

諸宗教を狂《くる》わせ、地球に混乱を起こしているアーリマン

質問者A　では、そのときからシヴァ神様は、その戦いにかかわっておられたということでしょうか？

シヴァ神　うーん。だから、「神の歴史」のなかにはなあ、かなり厳しい……、まあ、奇跡《きせき》も含《ふく》めてだが、人類に対して危機的な状況も何度も起きておるわな。

そのなかで、地球起源というか、「地球の歴史」として計画されているものもあるからね。

まあ、そちらのほうは、私もかかわってはいるけれども、もう一つ別のものもあるから。その戦いは、実に際《きわ》どく、難しく、そして諸宗教が対立するもとにもなっているところがあるということだな。地球のなかでの陰《いん》と陽のところは、上手にそれは合わさってできているところはあるんだが、それ以外のものが入ってきているんでね。それが混乱を起こしているわけだね。

だから、いろんな宗教に行って、ちょっとずつ狂《くる》わせてきているわな。イスラム教みたいなのが出ても、これにアーリマン的なものが影響《えいきょう》してくると、イスラム教は狂ってくる。この狂った部分が地球全体に影響を及ぼしてくるわけね、例えばね。

質問者B　それは、例えば最近で言えば、つい最近、いちおう撲滅《ぼくめつ》はされたという宣言はあったのですけれども、イスラム国など、ああいったあたりにも影響を与《あた》えていたということでしょうか。

シヴァ神　ああ、難しいけどなあ。本当に、たくさんたくさんあるんだよ。ゲリラ、テロ等の戦いがいっぱいあるので、どれがどうかは、いちいち言うのは難しいことだけれども。イスラムは、まだまだ混乱に入っていくと思うけれども、うーん……。

まあ、「キリスト教 対 イスラム教」の戦いだけではないものが、もう一つあると思われる。

要するに、イスラムも神の指導はあったとは思うんだけど、それをすり替《か》えていこうとしていくもの、要するに、地球の地獄界の悪魔だけの力じゃ足りないので、それ以外のものが働いてきて、宗教ごと、民族ごと、丸ごと引きずり込《こ》んでいこうとしている面はあるように思うなあ。

質問者B　そうしますと、キリスト教においてもイスラム教においても、すり替えが起きてきたところの根源に、今おっしゃっていたような、ある種、宇宙的なものが、現に歴史のなかで働きかけをし続けてきたということでしょうか。

シヴァ神　うーん。だから、まあ、そういう……。

まあ、二元論ならわりに分かりやすいところもあるんだけど、三元論的になってくると、ちょっと分かりにくくなってくるので。

われわれは、確かに破壊の面も持っておるが、同時に、文明の端境期《はざかいき》とか、そういうときに新しい文明をつくって、人々を進化させるためにやっている面もあるんだけれども、それとは別の、憎《にく》しみを持ったエンティティ（存在）がやって来て、かき混ぜようとするんでなあ。それで、余計分からなくなるんだ。

悪魔《あくま》を「後ろ」から応援《おうえん》し、指導している存在がある

質問者B　そうしますと、逆照射して分かりやすくするために整理すると、今、おっしゃっていたのは、「創造の前の破壊」ですね。

シヴァ神　うん。

質問者B　「破壊のための破壊」といいますか、「憎しみから来る破壊」の系譜《けいふ》、そういう連中の系譜もあったのでしょうけれども、シヴァ神様は、「創造のための破壊」ということでお仕事をされていた部分があるということですね。

例えば、シヴァ神様がかかわっておられたものとして、歴史のなかで、「新しい創造のための破壊」ということで、正義を打ち出していったような事例というものがあれば、お教えいただけると、コントラストができて非常に分かりやすいのではないかと思うのですけれども。

シヴァ神　うーん……。まあ、例えば、十字軍みたいなので、「キリスト教」と「イスラム教」とが聖地奪還《だっかん》で争いを長くやっておるけどね。これも、どっちかの側に立ってるっていうわけでもないんだよな、われわれはね。どっちかの側に立ってるっていうわけでもないんで。

まあ、巧妙《こうみょう》に、そういうものに引きずり込んでいるものもいるようには思うし。今、イスラム教も一部、アーリマン的なものに狙われてるとは言ったけれども、中世までのキリスト教にも、やっぱり、キリスト教を裏返すようなものが何度か入ってはいると思うんだよなあ。このへんが難しいところだけど。

だから、これだけの神が「天」、「上」にいながら、地獄界が増大して、悪魔《あくま》もたくさんいて抵抗《ていこう》しているのには、「後ろ」からそれを応援《おうえん》して指導して、また彼らに崇《あが》めさせている存在が、まだ別にあるわけで。それはシヴァ神ではないものなんだよ。

いちおう、そういう意味で、人口的に見て、うーん……。そうだねえ、地球が、うーん……、今、三分されつつあるのかなあ。「キリスト教圏《けん》」「イスラム教圏」、それから「中国の無神論・唯物論圏《ゆいぶつろんけん》」、まあ、この三つぐらいが大きな中心点になって、地球が三分化されつつあって、その他の国は、距離《きょり》の取り方はそれぞれ考えてやって。日本も、どっちに吸い込まれるか分からない状況にはあるかねえ。

質問者Ａ　これまでのお話によりますと、アーリマンという存在は、現在では、中国のほうに根城《ねじろ》を築きつつあるということかと思います。この力が、今、大きくなりつつあるとご覧になっているのでしょうか。

シヴァ神　うん。だから、中国がね、本当に毛沢東《もうたくとう》像を壊《こわ》してね、孔子《こうし》像を立ててね、そうした儒教《じゅきょう》的なものをキチッと表に戻《もど》して、あるいは、かつて仏教国でもあったので、それも大切にして、それを前面に押《お》し出しながら世界と協調していくっていうなら、同じ流れにはたぶん入るであろうけれどもね。今は違うものを目指してはいると思うね。

アーリマン系統にも、確かに文明の進化度としてはね、高いものも一部あることはあるんでね。まあ、それに惹《ひ》かれておるんだろうと思うが。

だから、もっとはっきり言えばね、人間を、「神に似せて創ったもの」「神に向かって進化できるものとして創りたるもの」という考えとね、人間を「将棋《しょうぎ》の駒《こま》」みたいに考えて、「敵と戦って、その犠牲《ぎせい》にする遊び」的に思っている存在もいるということかな。

地球の霊界磁場《れいかいじば》を引っ繰《く》り返そうとしている者がいる

質問者C　二〇一八年に大川隆法総裁先生が「毛沢東の霊言《れいげん》」というものを行われまして、毛沢東の霊を招霊《しょうれい》したところ、最終的に判明してきたのは、毛沢東というのは、まさに人間を将棋の駒のように使うというような価値観を持った方であり、中国十四億人を奴隷《どれい》のように見ていたということです。

最終的には、霊的な目で見ますと、「地球最大級の悪魔」という認定もされているのですけれども、さらにその奥《おく》に、アーリマン的影響があるということでしょうか。

『毛沢東の霊言』（幸福の科学出版刊）

シヴァ神　だからね、まあ、難しいんだけどね。毛沢東の魂《たましい》そのものは、おそらく地球の霊界《れいかい》のなかでは無間《むけん》地獄といわれる、そういう指導者等がもうこれ以上の悪を犯《おか》さないように、独房《どくぼう》みたいに入れられている場所に捕《と》らわれていることは間違いない。だから、そういう意味では、地球の神々が創られた磁場《じば》のなかで封印《ふういん》はされている。

けれども、この毛沢東主義が七十年、八十年と続いて、中国の広大な国土と人民の数を捕らえていることも事実であるので。これを、全体を捕らえて、ここから出さないようにしている力というのは、また、もう一つ別のものも働いているわけで。

だから、地獄の最深部の無間地獄に、このリーダーは捕らえられているけれども、丸ごとそれを引っ繰《く》り返して、地球の霊界磁場を引っ繰り返そうとしている者がいるということだわな。

だから、善を悪に、悪を善に変えようと思っている、もっと悪いものが地球には働きかけていて、それは地球の、「生きている人間の思考、考えることの総量がどちらに傾《かたむ》いていくか」によって変わってくることがある。

これは、あなたがたが大昔に最初に映画をつくったときに（「ノストラダムス戦慄《せんりつ》の啓示《けいじ》」）、「光と闇《やみ》の量によって変わる」ことを何か言っていたと思うけど、そういうもので、水のなかでクルッとリンゴが引っ繰り返るように、バケツのなかで引っ繰り返るようにクルッと逆転する、そういうターニングポイントを目指してやっているやつらはいるということだわな。

映画「ノストラダムス戦慄の啓示」（製作総指揮・大川隆法、1994年公開）

質問者B　お話を伺っていますと、シヴァ神様ご自身は、もしかして、いろいろな方と連携《れんけい》されているのでしょうか。宇宙的存在の方々を含めて、われわれの側と同じような問題意識を持って動いている方もいらっしゃいますので、そこと連携したり連絡《れんらく》を取ったりしているのでしょうか。

シヴァ神様は、われわれのそういった動きとも軌《き》を一《いつ》にされていらっしゃるものですから、そことも関係がおありなようにも推察されます。そのあたりはいかがな感じでしょうか。

シヴァ神　だから、宇宙から来てね、地球を護《まも》りに来ている者もいればね、やっぱり、悪い目的で地球を狙っている者もいる。まあ、そういう力も均衡《きんこう》してはいるけどね。地球霊界を長い時間をかけてつくってはきたけれども、その目指すものと、それを破壊し、逸《そ》らしていこうとしているものと、両方ある。

で、彼らの目的が成就《じょうじゅ》して、地球がそういうふうに価値観が変わって、住む人たちの思いが全部変わってくると、別の種類の者たちが地球に住めるようになってくるということだろうね、たぶんね。

まあ、そういうことは、先の「地ならし」があるわけですよね。

3　アメリカという国をどう見ているか

「トランプ大統領には、ヤハウェのようなところもある」

質問者B　まさに「地球霊界《れいかい》の側の戦い」ということでご質問させていただきます。

今、縷々《るる》問題になっている中国との関係では、やはり、アメリカというものが非常にキーになってくるわけですが、実はトランプ大統領の魂《たましい》のきょうだいの方の霊言《れいげん》を録《と》ったときに、ご自分自身の自己認識として、「私はどちらかというと〝シヴァ的な〟存在だ」という表現をされていたのです。

シヴァ神　フフッ（笑）、うーん。

質問者B　そこで、トランプ大統領とのご関係といいますか、そのようなものがあるのかないのかというあたりも含《ふく》めて、「アメリカをどう見るか」「トランプ大統領をどう見るか」というところでコメントいただけますと幸いです。

シヴァ神　中国から見れば、それはトランプ大統領がシヴァ神に見えるかもしらんね（笑）。向こうは破壊《はかい》ばっかりしているようにしか見えない。まあ、そんな感じだろうかね。巨人《きょじん》ゴリアテみたいな感じで暴《あば》れているようにしか見えないで、感情がコントロールできなくて、暴れて他人《ひと》の領土に踏《ふ》み込《こ》んできては文句《もんく》をつけて、鉄球を振《ふ》り回していているような感じに見えるのは見えておるんだろうね。まあ、ありえる価値観の戦いではあるんだけどね。

でも、裁定としては、判定としては、地球神的には、唯物論《ゆいぶつろん》・無神論がこの世のプラグマティックな面で貢献《こうけん》するところは、これを認めなければいけないので、それを許容してはいるんだが、それが本当に神や仏、高級神霊《しんれい》を全部否定するような文明になるなら、絶対にこれは許せないところであるので。

まあ、一部を肯定《こうてい》し、他のものを否定しているけど、そういうややこしい考え方はできないので、白か黒にしてしまうところがあるわけよね。

トランプさんも、アメリカのなかでも、また別な意味で足を引っ張られているところもあるのでね。

だから、まあ、本人がシヴァ神と思っているかどうか知らんが（笑）、「ヤハウェみたいなところもあるかもね」と言っている面は、確かにあると思う。敵と思われる者を滅《ほろ》ぼしてしまうようなところは、持ってはいるのかもしれないけれども。

中国に働きかけているアーリマンは「別の宇宙」から来ている

シヴァ神　一方、習近平《しゅうきんぺい》の心は、もう毛沢東《もうたくとう》を超《こ》えて、秦《しん》の始皇帝《しこうてい》みたいに、もう一回なりたいぐらいの気持ちはあるから。本当の狙《ねら》いは、「皇帝になること」ではないかなとは思うんでね。まあ、それは大変だよ、うん。

質問者B　中国との対比のなかで、具体的に、アメリカやトランプ大統領に、シヴァ神のほうから影響《えいきょう》を与《あた》えたり、指導をしたりということはあるのでしょうか。

シヴァ神　まあ、あるかもね。同じ役者がさあ、片方は正義のヒーローの「ロッキー」を演《や》り、片方は「ランボー」を演ってマシンガンを撃《う》って撃って撃ちまくっているようなところがあるわな。

まあ、ランボーのほうがシヴァ神だろうと思うが（笑）、同じ役者が二役を演れるけど。両方、ヒーローはヒーローなんだけどね、多少、人間的ないろんな面も持っているヒーローと、もう一段、目的合理的に戦うヒーローとがあるということだな。

このアーリマンというやつは、なかなか底知れぬもので、それは、もともと宇宙に起源《きげん》があるもので。正統な宇宙ではなくて、本当に「別の宇宙」の通路を通ってきているものであるので、ヴィシュヌなんかが統《す》べている、この宇宙のなかに入っていない、もう一つの「別宇宙」から来ているものだと思うので。

まあ、そちらの価値観はたぶん違《ちが》うものもあるんだろうけれども、あなたがたが生きている銀河系宇宙を含む、この宇宙の価値観は、まあ、こちらのほうの神は別に存在しているので。「そちらを、それ以上入れる気はない」ということだよな。

まあ、宇宙規模では、そうした大きな宇宙が幾《いく》つかあって、もちろん、違った進化の仕方はしてはいるんだけどね。

まあ、この挑戦《ちょうせん》を受けているというところかもしれませんね。

文明史、人類史のなかでは、さまざまな国が台頭してきた

質問者C　今、米中のところもありますので、ちょっと関連してきますけれども、シヴァ神様は地球の歴史のなかで、例えば、政治はもちろん関連しているとは思いますが、戦争が起きたときには、両国のいろんな戦争のなかで、戦争の調整コントロールをされているのでしょうか。
例えば、全体の結果や未来の結果、勝敗など、そうしたものにも影響を与えているのでしょうか。また、一見、破壊的なシナリオを描《えが》くとしても、それは「どういうものを未来創造するか」ということで逆算し、「こちらを戦いに勝利させ

る」などといった意思決定をされている立場なのでしょうか。

シヴァ神　うーん……。まあ、それは、私が主導的に戦争を起こしている場合もありますがね。それは、文明史というか、人類史を書き換《か》えるために必要なのでやっている場合もありますけれども、まあ、必ずしもそのようにはならない面もあることはあるね。まあ、難しいのは難しいんですよ。

だから、イギリスなんかが強くなるときもあれば、ドイツが強くなるときもあり、ロシアが強くなるときもある。日本が強くなるときもある。どれを最終的な善とし、正義とするかというのは、そう簡単に決められることではないのでね。

その地点その地点で、やはり、「こうしてみたら世界はどう動いていくか」ということを考えるところはあるわけね。

例えば、日清《にっしん》戦争・日露《にちろ》戦争がありましたが、日清戦争で、それは、十倍は国力があり、人口も領土も大きい中国のほうが、勝ってもよかったんだろうと思うけどね。だけど、中国は西洋化が遅《おく》れていて。中華《ちゅうか》思想が強くてね、中国的なものが優《すぐ》れていると思っていたから、西洋化が遅れたために、近代化を進めた日本に敗れてしまった。十分の一しかないと思うぐらいの国に敗れてしまった。

これが、もし、中国のほうが勝っていたらどうなるかということですが、その中華思想的なものが、そのまま大きくなっていったであろうと思う。

これで日本に敗れて、多少の近代化はせざるをえなくなったが、第二次大戦でも、またもう一回、中国は、日本には本当は敗れているよね。勝ったことにしているが、それはアメリカが勝ったのであって、中国が勝ったわけじゃない。中国全土はもう敗れて、アジア圏まで日本に支配されているから。「日本的なものを世界的なものの指導精神にするかどうか」という判断は、ここでもあったことはあったんだけどね。

第二次大戦で日本の「武士道」は敗れ、「アメリカの世紀」が始まった

シヴァ神　でも、その前の近代からの、ヨーロッパのいろんな国が海洋進出を図《はか》っていて。まあ、産業革命でのイノベーションが大きかったよね。産業革命によって、「急速な富の増加」と「工業力の増大」、そして、それはもちろん「軍事力の増大」にもつながっていたからね。

そうした「西洋的な思考」が、「日本の武士道的な思考」とぶつかったらどうなるかということだけれども、まあ、残念ながら、そういう西洋的な啓蒙《けいもう》思想に、武士道が戦って敗れたということだろうね。

武士道は、あくまでも、一割の日本の士族階級が統べるための帝王学ではあったんだろうけれども、西洋の啓蒙思想は、庶民《しょみん》まで含めてね。だから、地主《じぬし》階級を革命で滅ぼす面は入ってはおったが、庶民までリーダーに変える力は持ってい

たからね。そういう意味での、人類一人当たりの生産性という意味では、やっぱり、西洋の啓蒙思想のほうが上を行ったということだろうと思うんだよな。

だから、一部、それを取り入れながら生き延びようとした日本。日清・日露と勝ったけれども、まあ、日露戦争は日本が負けてもおかしくはなかった問題で。国力から見れば、当然、あれが勝てるのならアメリカにだって勝ててもおかしくはないものではあったんだけど。なぜか、日本のほうが勝ったわけで、まあ、そこで慢心《まんしん》してしまったところもあると思うが。

日本の二十六倍もある中国や、日本の六十倍もあるようなロシアに勝ってしまった。それで、アメリカと……。まあ、これだって同じようなものだから、勝てるかもと思っていたんだと思うけど。

わずか二百年ぐらいのこの国家が、これほどまでに世界の指導者になってくるというのは、ちょっと、ヨーロッパから見ても信じてはいなかったし、アメリカも自信を持っていなかったから、まあ、中立的立場でしばらくいたことはいたんだよね、二十世紀の始まりはね。まだイギリスの世紀だったし、ドイツの世紀であったし、その前はフランスの世紀でもあったんでね。

だから、フランス、イギリス、ドイツの〝三国志《さんごくし》〟があったわけよ、近現代でね。この〝三国志〟があって、今度、第四のアメリカが覇権《はけん》を握《にぎ》ったのが、実は第二次大戦だよね。これで覇権を握ってしまった。

日本が勝っておれば、アメリカの世紀は来なかったけれども、結果的に見れば、七十年、八十年たってまだアメリカの世紀は続いているので。日本の世紀は来なかったが、「日米が合体した世紀」と、それと「中国」が、もう一回ここまで強くなってくるというのは、まあ、秦の始皇帝以来、あるいは途中《とちゅう》でも何度かそういう強い時期は経験しておりますがね。

まあ、そういう盛り返しがある国ですので、これが世界史になるかどうか、今、戦っているところだと思う。

質問者B　エル・カンターレの世界計画と、非常に密接に関連しておられるようですが……。

シヴァ神　ああ、そうですか。

質問者B　いったい、どういう魂の系譜《けいふ》の方なのかという興味津々《しんしん》な質問は、ぜひ最後にさせていただきたいと思います。

4　二〇二〇年が未来文明の分岐点《ぶんきてん》

今、〝バッタ 対 コウモリの戦い〟が起きている？

質問者B　その前に、やや個別の質問でまことに恐縮《きょうしゅく》なんですけれども、先ほどから問題になっておりますす対中国ということについて。そこに対するカウンターとして、世界の歴史のなかで、あるいは、今までの霊言《れいげん》のなかで出てきたことの一つは、アメリカからということと、もう一つは、ちょっと面白《おもしろ》い、変わった種類の話がありまして、ズールー神というアフリカの方から、「バッタが行くぞ」という話がありました。

『大中華帝国崩壊への序曲―中国の女神 洞庭《どうてい》湖《こ》娘娘《ニャンニャン》、泰山《たいざん》娘娘／アフリカのズールー神の霊言―』（幸福の科学出版刊）

実は、二、三月に一回、インドのなかでもパキスタンの国境に近いほうだけ、猛烈《もうれつ》に出てきて、一回退《ひ》いたんですが、実は先週から、今度は中インドといいますか、二、三カ月前よりは、もう一段、東寄り、中国寄りのほうでまた大発生をしました。そして、今、東に向かっているというのが、だいたい今週の状況《じょうきょう》ではあったんですけれども。

それで、ズールー神が、インドでのそのバッタのことあたりは、実はシヴァ神という方が、ある種、差配しているというようなニュアンスのことも言われていたものですから、あのあたりのバッタ、あるいはそれと中国との関係等々について、何かコメントを頂けることがあれば、ぜひ教えてください。

シヴァ神　フフッ（笑）。うん、なかなか面白いねえ。君は面白いことを言う。まあ、〝バッタ対コウモリ〟のどっちが強いかという戦いだなあ。まあ、それは人類史上、とても面白い戦いだが、長い長い世紀で見たら、世界はコウモリに支配されたことはあまりない。バッタに支配されたことは、まあ、ときどきはあるので。

バッタのほうが、やっぱり繁殖力《はんしょくりょく》が強いのでね。だから、バッタで飢饉《ききん》が起きるんだよな、大抵《たいてい》な。それで、大きな力を持った国が滅《ほろ》びていくというか、衰退《すいたい》するということはあったから。まあ、バッタがやや優勢。コウモリは、バットマン以外でのヒーローはありえないので、まあ、やや陰性《いんせい》ではあるわなあ。

うーん、ただ、こういう核《かく》戦争の時代に、まあ、バッタとコウモリで戦ってというのも、少し情けない状態かなあとは思ってはおるがな。

香港《ホンコン》の人民が〝バッタによる救援《きゅうえん》を待っている〟なんていうのは、ちょっと情けない話ではあるので。

香港は、バッタが飛んできても食べるものがないからな、ほとんどな。香港を襲《おそ》ってもしょうがないけど、中国の内陸部に入り込《こ》まれたら、それは大変だろうよなあ、田畑《でんぱた》が多いから。

米中覇権《はけん》戦争の行方《ゆくえ》を左右するのは、実は「日本」

質問者B　香港に関しては、今、まさに、アメリカのほうからメッセージの発信が始まっているんですけれども、その部分に関しての今後の展望については、どのようにお考えでしょうか。

シヴァ神　まあ、それは、トランプさんは、民主主義の制度で、四年で一期目が終わるからねえ。

今年、今、コロナの影響《えいきょう》でこれだけ……。アメリカはせっかく失業者を減らしてね、過去最低までなっていたやつを、ものすごく失業者を増やされて、死者をいっぱい出して。まあ、〝やられっ放《ぱな》しの大統領〟なんていうのは勝てるわけがありませんからねえ。

これは、何としてもやらなくちゃいけないが、かつてのイラクぐらいの国とは違《ちが》うからね、国力がね。ナンバーワンとツーの戦いだと、完全な覇権《はけん》戦争になりますからね。

だから、そこまでやり切れるかどうかというところですが、アメリカもマスコミが反乱して、大統領を一生懸命攻撃《いっしょうけんめいこうげき》しているのでね。まあ、こちらが、トランプさんにはバッタに見えとるだろうけれども。

そういう意味で、国内がまだ一つになっていないので、これを短期間にまとめ上げられるか、そして、世界の意向をまとめられるか。

これに対して、本当は、いちばん障害になっているのは「日本」だと思うよ。

欧米《おうべい》は、まとまろうと思えばまとまれる。価値観的にまとまれる。民主主義も一緒《いっしょ》だし、法制度もだいたい一緒だし、考え方、正義感もだいたい一緒なのでまとまれるが、日本だよね、問題は日本で。日本は、中国経済がもう一回リバウンドしたら、一緒に食っていこうとしているところがあるんでね。

だから、この日本が、今、問題で、外国から見れば、ある意味では、日本の落とし方というか、どういうところに日本をスポッと落とすかが、今、研究されているところだろうね。

習近平《しゅうきんぺい》も、日本に対しては「春風《はるかぜ》政策」で臨《のぞ》んでくるだろうと思うがね。日本のマスコミも、アメリカのマスコミの影響を受け、トランプのほうが、それこそシヴァ神みたいな人間だと思っている人も多かろうし、嫌《きら》いな人も多いんでね。

幸福の科学のほうが、ここのところを支えようとしているけれども、幸福の科学も国内的なエスタブリッシュメント（社会的な権威《けんい》を確立した組織）としては認めたくない気持ちを持っているだろうね、おそらくね。日本のマスコミ等はね。まあ、こういうところがあるから、日本がもう泥沼《どろぬま》みたいになっていて、ちょっとまっすぐ歩けない、走れない状況だな。

米中の文明の潮流がぶつかり合う二〇二〇年は、未来社会文明の分岐点《ぶんきてん》となる

シヴァ神　これは、日本の国内での精神革命でもあるけれども、まあ、アメリカとしても、ずっとそのまま引きずれば、二〇四〇年までには完璧《かんぺき》に、中国にあらゆる面で抜《ぬ》き去られる可能性があるのでね、今のままではね。

コロナウィルス騒動《そうどう》があって、中国がいちばん被害《ひがい》を受けたというのならまだ分かるけど、発生させておいて（被害が）小さくて、アメリカのほうがものすごい、十倍二十倍、それ以上の被害が出ていますから、これは黙《だま》ってはおれないよ

ね。

だから、基本的に、この国際情勢と、マスコミの取り巻きのなかと、国内での内乱の可能性がある状態で、一枚岩になっているこの中国？　社会主義の一枚岩で、香港まで踏《ふ》み潰《つぶ》そうとして、台湾《たいわん》まで取ってしまおうとして、フィリピン、ベトナムまで視野に入って、日本は当然ながら勝手に〝帰依《きえ》してくる〟というか、もう〝朝貢《ちょうこう》してくる〟だろうと思っている中国。この状態――。

「一枚岩」対「足元を狙《ねら》われながら戦っている者」と、まあ、どういうふうになるかというところだね。

あちらも、映画風にいくと、アーノルド・シュワルツェネッガーみたいな感じの大統領でないと、戦い抜けないいんじゃないかね、たぶん。

質問者Ａ　香港をめぐって、今、米中激突《げきとつ》という流れになって緊迫《きんぱく》しています。

米中開戦になるのではないかという見通しも、一部にはあります。そのあたりについては、何かお考えはありますか。

もしくは、そういう局面で、シヴァ神自《みずか》らが、何か力をお与《あた》えになるということはあるのでしょうか。

シヴァ神　日本はね、おそらくそちらよりも……。その善悪なんていうことよりは、不況が解消されるかどうかのほうに頭が行く。

まあ、中国がたっぷり金を持っとれば、もちろん、それは魅力《みりょく》ではあろうけれども、中国もマイナス成長に入りますのでね。アフリカとか、一帯一路《いったいいちろ》構想が崩《ほう》壊《かい》するかどうか、これ、瀬戸際《せとぎわ》だわね。

だから、「アメリカの国内分裂《ぶんれつ》」と「中国の〝一帯一路戦略〟の崩壊」？　まあ、これがかかっているので。

新しい文明の潮流のぶつかり合いといえば、まあ、そのとおりではあろうし、先行きは、人権思想を強く持っているヨーロッパやアメリカの考え方による民主主義的政治、議会政治と、そんなものを無視して、国家の目的のほうを前面に押《お》し出してくる中国的な考え方で。

これはＡＩという新しい武器が出てきて、このＡＩによる支配、人間支配が始まって、一部の特権階級だけが、そのＡＩを使って人々を服従させられるというスタイルだね。

このＡＩを「アラーの神」に置き換《か》えれば、イスラム教だって同じことができないことはないスタイルだよね。

いや、これを今、君たちは……、まあ、こういう言い方は不謹慎《ふきんしん》だが、未来文明の分岐点《ぶんきてん》に、本当に今まさに、「二〇二〇年が未来社会文明の分岐点」だと思うよ。

米軍が香港《ホンコン》を護《まも》る攻撃《こうげき》を始めたら、日本はどうするか

質問者A　今、米中の最前線が香港《ホンコン》にありますが、香港では一国二制度がなくなろうとしています。自由を護《まも》る側からすると、陣地《じんち》が後退しているかたちになりますが、これを本当に護ることができるでしょうか。

日本の一国平和主義的な考え方では、太刀《たち》打《う》ちできないことになりますが、シヴァ神のお考えは何かありますでしょうか。

シヴァ神　経済力では中国との差は開《ひら》いてきているし、アメリカとも開いてきていた。ズルズル落ちてきて、安倍《あべ》氏の政策で回復するかと思ったが、また目論見《もくろみ》が外れてね、今、意気阻喪《いきそそう》している状態でしょう。目指したものが全部潰れてきているわけですから、彼自身が疫病神《やくびょうがみ》に取り憑《つ》かれたような状況に、今なっては

いるだろうと思うから。

この日本は、そういう中途半端《ちゅうとはんぱ》な態度を取ることによって、一位と二位の国が覇権戦争をやったときにどっちが勝つかを見ていて、勝つほうにつくという。これも、まあ、一つの……（笑）、何て言うか、ずるい、ずるいよねえ（笑）。そういう高みの見物も、まあ、あることはあるんだろうがなあ。

質問者B　それは、あってはならない選択《せんたく》かと思います。

シヴァ神　だけど、香港を助けるために北京《ペキン》政府と日本が戦うかといったら、それはできんでしょう、たぶんね。

だけど、米軍が本当に香港を護るために攻撃《こうげき》を始めたら、態度を決めなきゃいけなくはなるわなあ、それは。

「人権思想」と「石油」と「宗教」の複雑な関係

質問者Ａ　日本の生存ということを考えた場合に、中東に石油を依存《いぞん》している現状があります。特に、去年からの流れで言いますと、イラン情勢も、もう一つの舞台《ぶたい》でしたが、このあたりについては、どのようにご覧になっているのでしょうか。

今、コロナが、イラン国内でもすごく流行《はや》っているという情勢もありまして……。

シヴァ神　うん、そうだねえ。

質問者Ａ　非常に不安定な状況に入っていますが……。

シヴァ神　そうだし、インフレ度が高いわな。油なんかは十分の一ぐらいまで落ちとるんだろうからな、値段がな。だから、あれでは収入がね、維持《いじ》できないだろうから。

ここも、まあ、イランだけとは言わないけど、イスラム教国も人権思想が非常に低いんでね。あれは許しがたい。欧米から見れば、許しがたい問題なんですよ。許しがたい問題だけど、石油が噴《ふ》いたのでねえ、それで生き延びているところはあるよね。

欧米のほうでは、今まで石油がそれほどなかったから。今は、北海油田から、アメリカのシェールオイルから、まあ、ちょっと出てきているので、必ずしも依存しなくても生きていけるようになってはきているけど。

まあ、「人権思想が低い」ということなら、中国とイスラム圏《けん》は一緒のところがある。ただ、こちらには神がいて、もう片方にはいないという、この問題だよね。それは、どちらを味方にするか。

油を買っているのは、主として中国ですからね。イスラム圏から、イランからも油を買っているのは中国ですから。だから、彼らから見れば、利益から見れば、それは、中国のほうが今後も買い続けてくれるけど、アメリカは自国で賄《まかな》えるのでね、オイルは。ヨーロッパのほうも、今度、海底油田がね、出てきてはいるんでね。

まあ、必ずしも有利とは言えない状況ではあるので。人権思想を押しつけられてきたときに、「人権思想と民主主義は、当然くっついたものだ」という考え方からこられると、「民主主義制度でないのは、おまえらに人権思想がないからだ。というのは、おまえたちの宗教が悪いんだ」ときたときに、「じゃあ、宗教を手放せるのか」ということになると、「それを言うなら、一千年以上の宗教戦争、十字軍は何だったんだ」という問題があるから。彼らの歴史そのものを、また書き換えなきゃいけなくなるよね。

キリスト教がイスラエルを捨てられない理由とは

質問者A　あと中東情勢では、重武装国家であるイスラエルの存在が〝台風の目〟として非常に影響が大きいです。シヴァ神様から見たときに、このあたりは近い側なのか遠い側なのか、そこに正義があるのか、どのようにお考えでしょうか。

シヴァ神　いや、私らから見ればね、まあ、インドに足場を置いて見ればね、それは、「小さな部族神」だろうとは思ってるよ。それは、考え方が狭《せま》いもんな、とてもな。あんな数百万ぐらいしかいない国の絶対神なるものが、世界を統《す》べているとはとうてい思えないんでね。われらのところへ行けば、神は山のようにいますから。

ただ、キリスト教の『聖書《せいしょ》』に、『新約《しんやく》聖書』と『旧約《きゅうやく》聖書』が合体しているのでね。だから、おそらく、キリスト教が続くかぎり、この『旧約聖書』のところが全部滅びはしない。これがなくなれば、『新約聖書』だけだと西洋の歴史は二千年しかないことになるのでね。その二千年以前の歴史が欲《ほ》しいですからね。

それで『旧約聖書』のところを捨てられない。

中国と対抗《たいこう》したり、ほかの宗教とも対抗できるのは、『旧約聖書』の部分があるからだから。『旧約聖書』を焼き捨てられないかぎり、要するに、まあ……、ちょっと物騒ではあるけれども、イスラエルという国も捨てることはできないということだろうね。

質問者Ａ　将来、中東で宗教戦争が起きたりする可能性も、視野には入っていると。

シヴァ神　うん、あるでしょ。それは入っていると思います。

だから、それを考えているんだと思いますよ。今、われわれから見れば、本当にバカバカしいぐらいの、シリアからパレスチナのあたりの小さな村で、「最後の戦い」が、「ハルマゲドンの戦い」が起きると言って、その村をどっちが取るかというようなことで、ＩＳとその対抗勢力とで、ちっちゃな何の意味もない村の取り合いを延々とやっている状況であるのでねえ。

だから、宗教というのは、そういう難しいところがあるからねえ、何とも言えない。

5　シヴァ神から見た中国の未来

中国発・新型コロナウィルスの「神仕組み」と「宇宙仕組み」

質問者B　今のことに関連しまして、もう一段、グローバルな質問をさせていただきたいと思います。

今回のコロナの問題というのは、確かに「中国の人工ウィルスである」というところに最大の問題があったわけですけれども、結果として、欧米《おうべい》、イスラム圏《けん》もそうなんですが、この病《やまい》が広がった地域は、やはり、何らかの宗教的なカルマ（業《ごう》）といいますか、そういったものを持っていた地域に、より広がったようにも見えます。また、そうしたことを指摘《してき》している霊人《れいじん》もいらっしゃいます。

それは、アメリカにしてもそうですし、特にイタリアやスペイン、それから中東、イラン等々もそうかと思います。

このあたりの、何とも言えない「神仕組《かみしく》み」のように見えるところに関しまして、全世界の、ある種、破壊《はかい》の神として統《す》べられている立場の方から、もしコメントを頂ければ、たいへん啓発《けいはつ》される部分があるかと思うのですけれども。

シヴァ神　うん。まあ、日本人なんかも同調的だから、「自然発生的にウィルスが発生した」というようなのに、すぐ同調してしまうんだろうけどねえ。「武漢《ぶかん》の生鮮市場《せいせんいちば》か何かから出てきた」みたいな、そんなことを向こうが言い出すので、そのまま乗ってしまうようなところはあるんだろうけれども。

アメリカのほうは、彼らがコウモリからのウィルスを抽出《ちゅうしゅつ》して実験していた十五年の歴史を知っているからね。だから、「騙《だま》されやしない」って、確信を持ってはいるのでね。

中国の側が分からないのは、「それは外国に流す予定はあったんだが、なぜ中国国内に先に、それが漏出《ろうしゅつ》したかが分からない」というのが、やっぱり残っているんだよ。

それの答えは、君たちが出した霊言集《れいげんしゅう》の、宇宙人の霊言にしか答えが出ていない。それだけが出ている。「もう一つ介入《かいにゅう》があった」というのが中国人に分からないから、「ありえない」と言っているわけね。「自分たちは完璧《かんぺき》な管理をしているから出るわけがないのに、それが出たっていうのが、ちょっと分からない」と言っているんだけど。

これは、まあ、「神仕組み」と、もう一つ「宇宙仕組み」があるから、もう、私も何とも言いかねる面はあるんですけどねえ。

だから、中国が開発したことは間違《まちが》いない。ただ、中国が世界を攻撃《こうげき》しようとする前に、自分のところまで被害《ひがい》を出してしまったことも、そのとおり。加害者でもあり被害者でもあるところは、そのとおり。だから、「それをどういうふうにウエイトづけするか」という問題はあるわな。

アメリカは、そのコウモリウィルスによるウィルス兵器を彼らが開発しているのを見て、二〇一八年に手を引いたはずですから。研究者たちが中国から離《はな》れたはずなので。「こういうのは、やれない」ということで離れているはずなので。だから、研究者の間では、もう事情は分かっているし、医学のほうでももうだいぶ分かっていたし、日本人でも、医者のなかでも、ある程度、情報通の医者は、もう去年の十二月の半《なか》ばに日本を離れてハワイに逃《に》げ出した人もいたぐらいなので。何が起きるかをその時点で予想していた人は、もう日本人でもいた、医者にはいたらしいので。「逃げないと、来る」と思っていたらしいので。それが出たのはもう知っていたようではあるから。これ、隠蔽《いんぺい》にかかっているんでしょう。

これを、「外国のマスコミが〝中国に口を割らす〟」っていうのは、これは大変なことですので。占領《せんりょう》する以外、普通《ふつう》はありえないでしょうね。国民もまた洗脳されておりますから。いずれ、これは、まあ、相容《あいい》れないものであることはある。ただ、トランプさんのほうの国内の地盤《じばん》がちょっと弱い、弱いので。何かミスをしたら、身内から攻撃を受ける状態になるんでね。がっぷり四《よ》つになって戦えない状態にあるところが、まあ、残念なところだね。

もしかしたら、二虎相討《にこあいう》って、両方敗れるかもしれない状況《じょうきょう》はありえるので。アメリカ・中国共に敗れて、あとは、日本とインドが次の時代を協力して引っ張っていくなんていうことだって、ないとは言えない、うん。

シヴァ神が語る「中国分断」の構想

質問者Ｃ　地球規模の破壊の神・シヴァ神の視点から見まして、今、中国の未来について考えますと、「これから、どのような一手を打って、着地させていくか」という……。

シヴァ神　いや、分断するしかない。

質問者C　「分断」ですか。

シヴァ神　基本的には中国分断です。

質問者C　どのように分断を？

シヴァ神　分裂《ぶんれつ》させなきゃいけない。一枚岩みたいなのはよくない。よくないですね。

質問者C　どのような構想をお持ちか、もしよろしければ、その一端《いったん》なりともお教えいただければ幸いです。

シヴァ神　だから、もう香港《ホンコン》から、南から、資本主義、自由主義の波で攻《せ》め寄せる。

もう一つは、ウイグル、チベット、内モンゴル等からの反乱を起こす。

これに、インドやロシアからの勢力を加味して、後押《あとお》しさせる。そして、アメリカは、香港や台湾《たいわん》、南部から、中国に対して圧力を加える。

そうすると、北京《ペキン》政府は、内部で分裂が起き始める。だから、鎖国《さこく》派と開国派に割れてくるだろうね。

あとは、石油のルートや食料のルート等を遮断《しゃだん》していく方法がある。「兵糧攻《ひょうろうぜ》め」ですね、いわゆる。

人口が多いのはプラスの面もあるが、人口が多いということは、「食料」と「エネルギー」がなければ生きていけないことがあるので。あれだけ広大な国をシャットアウトできるかどうかは別だけれども、まあ、それをするなら、やっぱりロシアも取り込《こ》む。ロシアとインドを必ず取り込んで、日本をちゃんと軍事的に戦える国に変えなければ駄目《だめ》だろうね。

オーストラリア等も、当然、中国の敵にしなければいけませんので。それから、アジアの国ですね。

だから、まあ、そういうチャンスもあるとは思っている。

これがどう動くか。いや、本当に、ここ十年以内にいろんなことがバタバタ起きるから。思っていることが逆転するようなことが、いっぱい起きてくる。逆転、さらに逆転、逆転、逆転。いっぱい起きてくるかもしれないね。

習近平《しゅうきんぺい》主席に対するシヴァ神からの「警告」

質問者C　かつて中国では、「太平天国《たいへいてんごく》の乱」なども起きました。以前、大川隆法総裁先生が、その乱にかかわった霊人を招霊《しょうれい》して霊言を行《おこな》ったところ、われわれが思ってもみないような霊的な真実も出てきまして、「天上界《てんじょうかい》の計画等があった」といったことを聞きました。

シヴァ神様は、かつて、中国を分断させたり、新しい国家に生まれ変わらせたりしようとして、そういう一手を打たれたときなどはあるのでしょうか。そうした経験はございますでしょうか。

シヴァ神　うーん、まあ、はあ……（ため息）、よく戦いはあったんでねえ。あそこは一つの国ではないので。民族が入れ替《か》わっているので。いろんな民族によって国ごと支配されているので、それをいちいち、どちらの側についたとかいうのは、やや難しいことはあるんだけど。

まあ、「天の意志」と、彼らは大まかには考えてはおるけれども、いつ、例えば「元《げん》が強くなる」「金《きん》の国が強くなる」とか、「鮮卑《せんぴ》族が強くなる」とか、それは分からないことはあるからねえ。

それから、今、被害を受けている東トルキスタン、ウイグルだって、匈奴《きょうど》の仲間であったことは間違いないので。中国内陸部まで、何度も何度も攻め込んでいるはずだね。長安《ちょうあん》を落とすために攻め込んできているから。まあ、立場が変われば、いろいろあるだろうね。

ただ、いやあ、警告としては、習近平《しゅうきんぺい》さんはねえ、イランのソレイマニみたいにされないように、お気をつけになったほうがいいでしょうねえ。アメリカがやるのは、そこから来る可能性のほうが高い。

質問者B　なるほど。

シヴァ神　核《かく》戦争をやるよりは、コストが安く、早く終わるからね。まあ、中国は比較《ひかく》的、居場所が特定しやすいんですよ。

北朝鮮なんかのほうが、特定は難しいんです。穴がいっぱいある、〝ウサギの隠《かく》れ穴〟がたくさんあるので、どこにいるかが分からないし、金正恩《キムジョンウン》の影武者《かげむしゃ》がたくさんあちこちでいるので。実験場に立っているのが本当の金正恩かどうかが分からないので。失敗した場合は、反撃を必ずするから。日本とか韓国《かんこく》とかに、そうとうな被害が出るから。

本人かどうかの確認が、なかなか北朝鮮とかはまだ難しいところはあるけど、中国は意外に油断しているので。〝ソレイマニ2《ツー》〟になる可能性はあると思うので、いちばん最初に狙《ねら》うとしたら、それ。うん。

もしくは、そういうピンポイントで攻撃できないとすれば、ピンポイントで習近平だけを狙えないとするなら、その指導部がいるあたりを丸ごと、ミサイル等で一気に破壊するような攻撃の仕方だよね。これはありえるわな。

だから、「香港に何かの弾圧《だんあつ》が入ったとたんに撃《う》ち込む」というようなスタイルはあると思う、うん。それは、まだ原爆《げんばく》ではないだろう。

「中国のＡＩで全世界が支配される時代」は望ましくない

質問者Ａ　そうしますと、トランプさんの存在が、今の地球規模での危機を打開する上で、非常に鍵《かぎ》になっていると。

シヴァ神　うん、だからね、まあ、はっきり言えば手伝ってるよ。今、ちょっとな。だから、性格悪いだろう？　少し悪く見えている。

質問者Ａ　かなり一心同体《いっしんどうたい》な感じなのでしょうか。

シヴァ神　ちょっと手伝ってはいるよ。

質問者Ａ　少し、ですか。

シヴァ神　とても、もう理性のある人ではできないからね、アメリカの喧嘩《けんか》っていうのは。

質問者A　「破壊と創造」というセットになったプロセスを、今、担《にな》っているということに……。

シヴァ神　まあ、「中国のＡＩで、全世界が支配される時代」なんていうのは、望ましくないのでね。

質問者A　はい。

シヴァ神　やっぱり、人権思想がないところにそういうことをさせたら、もうみんなラット扱《あつか》いだよ、ほとんど、本当に。たまったもんじゃない。〝タグ付け〟されて、もう全部調べられる。

韓国なんかも喜んで、「コロナの追跡《ついせき》ができる」とか言って喜んでいるけど、ラットだよ、次はねえ。もう本当に、なっちゃうから。

質問者Ａ　具体的に、トランプ大統領にインスピレーションを降ろしておられるのですか。

シヴァ神　いや、協力はしているよ。だけど、私だけではないから、ああいうところになれば。私だけではないので。

ただ、夫婦喧嘩《ふうふ》なんかが起きたときに、「行け、今だ！」とかいうようなインスピレーションを降ろすとしたら、私だろうね（笑）。

質問者Ａ　（笑）かなり近い存在ということになるかと思いますけれども。

シヴァ神　ああ、機嫌《きげん》が上下したりね。まあ、ツイッターで、一本でねえ、八千万もフォロワーがいる大統領のツイッター、ねえ？「これは疑義あり」とツイッター社が言ってきたら、大統領令を出してねえ、それと戦うような、かなり変わった……、変わっているよねえ。

質問者B　そのあたりの変わった部分に関しては、ご指導が……。

シヴァ神　いや、私が変わっていると言っているわけじゃないけど、私は、そういう戦いは好きだって言っているだけで。

質問者B　ああ、分かりました。

シヴァ神　日本みたいに、黙《だま》って「はい、そうですか」っていうように、やめはしないということだな。

6　シヴァ神の霊的《れいてき》秘密に迫《せま》る

アレキサンダー大王やナポレオンはシヴァ神の〝鱗《うろこ》の一枚〟？

質問者B　先ほど、途中《とちゅう》でもお話をしたのですけれども、考え方が非常にワイドで、何か、エル・カンターレの世界計画の流れの一環《いっかん》のなかにおられるような動きをされているようにも見えます。

シヴァ神　うーん……。

質問者B　地球系霊団《れいだん》におけるシヴァ神、あるいは、シヴァ神の中枢《ちゅうすう》的存在というのは、どういう系譜《けいふ》の、どういう位置づけの、どういう方なのだろうというのは、先ほどから非常に興味深く拝見させていただいていたのですけれども。「西洋の近代思想」がときどき垣間《かいま》見られたりとかですね……。

シヴァ神　うん、まあね。

質問者Ｂ　非常に面白《おもしろ》い側面が散見されるのですが、何か語っていただける部分が、もしあれば、たいへんありがたいのですけれども。

シヴァ神　まあ、それは地上に英雄《えいゆう》とかがいっぱい出ているっていう書き方もしているけど、まあ、それは〝鱗《うろこ》一枚〟だけどね。そんなの、私の〝鱗の一枚〟にしかすぎないので。

質問者C　冒頭《ぼうとう》で、「インドと地球レベルと、二つの面を持っている」といったような言い方をされていたのですが、英雄が〝鱗一枚ぐらいのレベル〟となると、けっこう大きな存在ということになりますが。

シヴァ神　そうだねえ。

質問者C　今、ひしひしと、かなりの〝大きさ感〟を感じています。しかも、お話をしていると、何か懐《なつ》かしい感じと言ったら変ですが、手触《てざわ》りが、価値観の判断が、われわれの学んでいることや未来像と似ているように感じます。

シヴァ神　うん。

質問者C　そのあたりについて、もし、何かございましたら……。

シヴァ神　今、流行《はや》りのアマビエとか、あんなのだったらどうする。

質問者C　（笑）いやいやいやいやいや。

シヴァ神　うん？　疫病《えきびょう》を退散させる。絵だけ掛《か》けとりゃ、疫病が逃《に》げていくっていう。

質問者C　いやいやいや。

ただ、お話を聴《き》いていますと、インドという定点は持ちながらも、地球全体レベルの人類の未来を創造したり、価値判断をされたり、将来構想を練って、〝寝《ね》技《わざ》〟のように、英雄たちを使ったりしているようにも感じたのですけれども、そういうご存在でいらっしゃるのでしょうか。

シヴァ神　うん。まあね。だから、「いったい誰《だれ》がそういうことをするか」だよね。こう、見ながら、「信仰《しんこう》を集めている人で、誰がするか」って。

インドだけ、こういう破壊《はかい》の神を祀《まつ》ってくれるけど、ほかのところで祀ってくれるところはないからね。ほかのところだったら、いったい何に当たるのかっていうところは分からないという、まあ、こういうことだよね。ほかのところでは。

質問者Ａ　別の角度からお伺《うかが》いしますけれども、『黄金の法』（前掲《ぜんけい》）には、シヴァ神的な存在が、アレキサンダー大王やナポレオンとして生まれているという記述もあるのですけれども。

シヴァ神　うん。うん。

質問者Ａ　具体的に、直接、こうした方々との関係というのはあるのでしょうか。

シヴァ神　うん、まあ、そういう〝鱗〟もあるかもしらんなあ。うん。

質問者Ａ　今、お話しされている方は、その方々ではないということですか。

シヴァ神　うん、ではないだろうなあ。もうちょっと頭がよくないといかんだろうなあ。

質問者Ａ　シヴァ神なるものに、もう少し中心的存在があるということですか。

シヴァ神　知性がないとなあ、いかんわなあ。

まあ、アーリマンとか、別宇宙から来ているのが、どのくらい文明が進んでいるか分からないぐらいの技術を持っとるところと、戦わないといかんからなあ。こちらも……。

質問者Ａ　アーリマンと戦う司令官のような存在になっているということですか。

シヴァ神　いやあ、まあ、先ほど、「シヴァ神のなかの中枢部分につながるところ」という指定があったからなあ。まあ、そういうふうに、今、しているだけですがなあ。

シヴァ神は九次元霊《れい》と関係がある？

質問者Ａ　エル・カンターレとのご関係についてですが、例えば、アトランティス文明、ムー文明などで、エル・カンターレがご降臨《こうりん》されていますが、そういったときに、折々に、協力されてきたのでしょうか。

シヴァ神　うん、まあ、いろいろあるわな。

まあ、ハッハッハハハ（笑）、インド的に出ればね、何だか分からん感じになることはなるんだけどねえ。まあ……、うん。うん。

質問者Ｃ　例えば、軍神と言ったら変ですけれども、「政治」と「宗教」と「軍事」を合わせた総天才のような方の一人に、ギリシャに現れた片鱗《へんりん》として、ヘルメス神がいらっしゃいます。約四千三百年前に王子として生まれ、ギリシャ文明、西洋文明の源流となったお方ですけれども、そういう方とのご縁《えん》などはあるのですか。

シヴァ神　うーん……。まあ、それは起源《きげん》はね、九次元霊《れい》のどこかにはあるだろうね、おそらくはね。うん、どこかにはな。

だが、ここは普段《ふだん》はね、隠《かく》してあるところだからね。出しちゃいけないところなんで。神様は、やっぱり、いい顔だけ見せとかないといかんのでなあ。

質問者A　少し具体的にお訊《き》きしますと、例えば、ヘルメス神と近い、トス神と近い、あるいは、オフェアリス神と近いなど、多少、近さの違《ちが》いのようなものは

●九次元　霊界では、一人ひとりの悟りの高さに応じて住む世界が分かれている。地球霊界では、九次元宇宙界から四次元幽界《ゆうかい》まである（地獄界は四次元の一部）。九次元は救世主の世界であり、釈尊《しゃくそん》やイエス・キリストなどが存在している。『永遠の法』（幸福の科学出版刊）参照。

あるのでしょうか。

シヴァ神　うーん、そうだねえ……、まあ、エル・カンターレは護《まも》らなければいけないから、エル・カンターレの意識の一部とは言わん。ではない。

そっちは、インド的には、ヴィシュヌのほうの、もうちょっと善良な神のほうでなきゃいけないからね。

まあ、だから、そうではない部分とは関係があるだろうなあっていう。だから、あんまり出てきていないような九次元霊と関係があるかもしれないねっていう。

君たちが、その活動をよく知らない九次元霊が、それは隠れて動ける九次元霊だろうね、おそらくはね。

質問者Ａ　例えば、ゾロアスターですとか……。

シヴァ神　うーん……。まあ、分からないんだよ。神の名は分からない。顔は千個もあるんで。「千の顔を持つ神」といってね、分からないんだよ。それでいいんだよ。

アフリカのズールー神と中国の泰山娘娘《たいざんニャンニャン》について

質問者C　少し話題が変わってしまって申し訳ないのですが、先ほど、「ズールー神」という……、いや、とんでもなく話がズレてしまって失礼しますが……。

シヴァ神　とんでもないですよ。立派な神ですよ。

質問者C　あっ、ズールー神がですか。

シヴァ神　アフリカから日本まで来るなんて、大変なことですから。来れませんよ。アフリカ代表で来れますか？　オリンピックじゃあるまいし。

質問者C　なるほど。

もう一つ、最近の霊査《れいさ》・リーディングで出てきた方として、「泰山娘娘《たいざんニャンニャン》」という方がいらっしゃいました。

シヴァ神　泰山……（笑）。

質問者C　この方は、東岳大帝《とうがくたいてい》の娘《むすめ》とされていて、「天仙聖母碧霞玄君《てんせんせいぼへきかげんくん》」というふうにもいわれているのですが、その方の霊言《れいげん》をしたときには、「中国の大陸ができたころから、ずっと私は見ているんだ。インドも新しい国ですよね」というように言っていました。

シヴァ神　インドは新しい国？

質問者C　はい、「インドは新しい国だ」というふうに言って。おそらく、「自分のほうが古い」ということを言いたいのだと思うのですけれども。

シヴァ神　ふうーん。

質問者C　さらに、「中国には再教育が要《い》る」といったことを言っていて、現在の中国、習近平が育った国の共産主義については、あまりよろしく思っていなくて、「信仰心が足りない」とか、そういうことを感じているようです。

そういった霊言を頂いていて、中国の内部からの革新と申しますか、易姓革命《えきせいかくめい》ではないですけれども、「国をつくり直す、変えていく」というかたちに持っていくほうに相当するのではないかなとは思います。

シヴァ神様から見まして、インドと中国というのは、古代からつながっているとなると「関連はある」と思うのですが、泰山娘娘《ニャンニャン》様とは何か縁があったりするのでしょうか。ご存じですか。

シヴァ神　（笑）まあ、言葉はちょっと不適切かもしらんがなあ（笑）。「泰山娘娘」と「シヴァ神」が一緒《いっしょ》だと、ちょっと具合は悪くはなるとは思うが、中国の地下にも、まだねえ、今の中国をよしとしていない、その押《お》し込《こ》められている宗教的な〝地下水〟が流れてはおるからね。

これは、どこかでは〝噴火《ふんか》〟はしてくるだろうね。

まあ、中国にも、太古にいろいろとねえ、それは、神と化した人は存在はしてはいたからね。そちらとも関係はないわけではないがなあ。

うーん……、ハッハッハ（笑）。まあ、君たちでは無理だよ。私を追い詰《つ》めるのは無理だよ、うん。それは、もっと偉《えら》くなりなさい。

質問者C　まことに申し訳ありませんでした。すみません。

今の日本には、中国を一刀両断《いっとうりょうだん》にするような英雄《えいゆう》が必要

シヴァ神　それで、何か、あと訊きたいことはあったんかい？

質問者C　あと一つ、日本につきましてお訊きしたいのですが、コロナウィルス

に関しまして、冒頭でありましたように、日本では一万数千人という非常に少ない人数しか罹《かか》っていませんし、死者も数百人程度です（収録時点）。それに対して、安倍《あべ》首相はものすごく厳しい緊急《きんきゅう》事態宣言を発令され、この期間、経済的にもけっこう苦境になっております。

大川隆法総裁先生も、『コロナ不況《ふきょう》下のサバイバル術』の「まえがき」で、「まるで破壊の神などに取り憑《つ》かれたようだ」といったことを言っておられ、また、そうした意味では、「コロナ不況化のサバイバル術は、全体主義との戦いに似ている」というコメントも頂きました。

こうしたなかにおいて、日本をどう見られるか、また、そうしたときのサバイバルへの道というものは、シヴァ神様からはどのようにお見えになるのか、一言《ひとこと》、ご指導を賜《たま》われると幸いです。

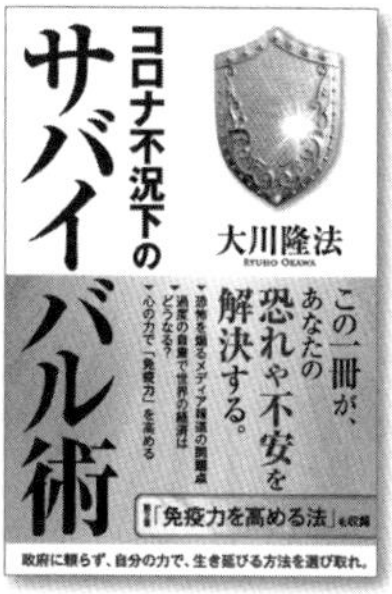

『コロナ不況下のサバイバル術』（幸福の科学出版刊）

シヴァ神　うーん……、まあ、このままではいかんだろうね。だから、ちょっと宦官《かんがん》政治みたいな感じで、どうも、すっきりしなきゃいけないところがあるんじゃないかねえ。やっぱり、英雄《えいゆう》は必要としてるとは思うよ、英雄はね。

質問者C　英雄を必要としている？

シヴァ神　うーん。英雄は必要だと思う。

まあ、英雄っていうのは、必ずしも、それは、武器を持って戦う人とは限らないがなあ。それは、ガンジーみたいな英雄もあれば、ジョン・レノンみたいな英雄もあるし。まあ、いろんな英雄のあり方はあるとは思うけどねえ。やはり、この中国を一刀両断《いっとうりょうだん》にするような英雄は必要だとは思うわなあ。それはなきゃいけないからねえ。

うーん……、まあ、でも、何だろう、今の中国が優《すぐ》れていると思っているものを、根本《こんぽん》から覆《くつがえ》すような天才も出てくるんじゃないかなあ。それが出てきさえすれば、このエル・カンターレの思想が、一気に中国本土にも流れ込んで、イスラム圏《けん》まで流れ込み始めると思うな。そういう「一人の天才」が出てこないといかんだろうなあ、うん。

昔とは違うからね。昔の戦争とは、今は違うので。その「一人の天才」が、あなたがたがまったく考えていないような、新しい何かを生み出すかもしれないな。

トランプ大統領の魂《たましい》の起源《きげん》にまで迫《せま》らなければいけない

質問者A　そろそろお時間ですが、イスラム圏のイノベーションまで視野に置いて、構想されているということですか。

シヴァ神　うん、うん。だから、中国、イスラム両方ね。両方変えなくちゃいけないから。

それから、あなたがたは、トランプさんのさらなる起源《きげん》まで、まだ迫《せま》ってはいないであろうからなあ。そのへんも、もうちょっと知らなくてはいけないところもあるだろうけどなあ。

こういうねえ、世界大規模な問題になりながら、トランプさん（守護霊《しゅごれい》）が来なくなったのは怪《あや》しいと思ったほうがいいと思うんだよ。もう、しゃべったらバレるから、考えてることが。それは言いたくないいんだと思う。

質問者B　そうですか。〝さらなる奥《おく》〟ですね？

シヴァ神　うん。

質問者B　それは、言葉を換《か》えますと、真なる英雄のさらに側面といいますか……。

シヴァ神　うーん……、何て言うか、（過去世《かこぜ》として）「建国の父」みたいなのも出てきているけど。

質問者A　ジョージ・ワシントン。

シヴァ神　その先が、あんまりよく分かってないでしょう？

質問者A　はい。

シヴァ神　それは、どこかでまたね、つながってきているはずだからね。

　トランプ大統領と習近平《しゅうきんぺい》主席は過去世《かこぜ》でも関係があった？

質問者A　（他の質問者に対して）少しミステリーが残りましたけれども、よろしいですか。

質問者B　これまで、（トランプ大統領守護霊が）コメントされていたのは、十字軍の時代やエジプト、ヨーロッパといったあたりで、また、「エル・カンターレとは縁があります」という話が出てはきていたのですけれども。

シヴァ神　うん。いや、まあ、習近平《しゅうきんぺい》とは、昔もちょっと敵であった関係はあるかもしれないね、もしかするとね。

質問者C　「神のヤヌス性」ということが、冒頭でもありましたけれども、シヴァ神様全体が、すべて、シヴァ神的に「破壊」という感じではなく、もしかしたら、シヴァ神様の奥にも、違った側面、「真反対のもの」がおありなのかもしれません。そうしたときの方はどなたかというのは、お教えいただけますか。

シヴァ神　うん？

質問者C　もし、まったく違った側面をお持ちだとすれば、「シヴァ神的ではない側面」というのは、どのようなお方なのでしょうか。

シヴァ神　君たちのところには、もう、いろいろと、「大自在天《だいじざいてん》」だとか「吉祥天《きっしょうてん》」だとかいっぱい書いて。吉祥天と私を一緒にしてくれるなんて、とってもありがたいことで。もう、正体がさっぱり分からなくなるだろうねえ、おそらく。

質問者C　（笑）

シヴァ神　ハハッ（笑）。（胸元の象のブローチを触りながら）象のガネーシャが息子《むすこ》か？

質問者C　はい。

シヴァ神　結構だねえ。面白いな。

質問者C　ヒンドゥー教では、ガネーシャが息子だといわれております。

シヴァ神　うーん、うん。

質問者A　以前、習近平氏はアッシリアの王だったということも言われていたように思いますが。

質問者C　そうですね。

質問者A　（トランプ大統領が過去世《かこぜ》で）戦ったことがあるというのは、その当時のお話ですか。

シヴァ神　そういうこともあったかもしれないねえ。

質問者B　アッシリアか、あるいはヒッタイトを追い返した、押し戻《もど》した王様がエジプトにはいたのですけれども。

シヴァ神　うん。まあ、たぶん、エジプトの王様は、それはいるだろうね。

質問者C　エジプトの王様はいらっしゃる？

シヴァ神　うん、うん。まあ、それはいるだろう、たぶん。

でも、ほかにも要所要所で出てるかもしらんなあ、うーん。

今、全部を明かすことのできないシヴァ神の位置づけ

シヴァ神　うん、まあ、ハハハッ（笑）。まだ、君たちではちょっと追い詰められないね。九次元全部を、全員を明かすのは、それは簡単なことではないんだよ。

質問者B　えっ、九次元につながるんですか？

シヴァ神　九次元……、いや、全員を明かさないと。だって、インド的には、それはもう、「ヴィシュヌ神」と「シヴァ神」で、この二元の神で最高神になってるんだから。九次元を二つに割って説明してるんだからさあ。

質問者B　あの、今、シヴァ神とトランプ大統領が、霊的に直接のつながりがあるというふうに解釈《かいしゃく》されうるコメントをされたようにも聞こえたのですけれども。

シヴァ神　まあ、可能性がないとは言えんな。可能性がないとは言えない。

質問者B　ないとは言えない。

シヴァ神　うーん。

質問者C　インドで、スーリヤ神という太陽神がいらっしゃるのですけれども、この方はご存じですよね。

シヴァ神　まあ、スーリヤ神は、ちょっと、どっちでもないねえ。

質問者C　どっちでもない？

シヴァ神　うん。それはちょっと中立なんだ。どっちかというと、太陽信仰の中心なので。まあ、世界各地にあるがな。そういう太陽信仰の中心なので。

質問者C　エル・カンターレが、スーリヤ神という神の名前とつながっているということは、かつて言われていたのですけれども、今、シヴァ神様とは、ちょっと距離《きょり》があるということですね。

シヴァ神　うーん。だから、いや、やっぱり、君らに全部を明かすのはもったいないんだよ。

質問者C　すみません。先ほどと関連しますけれども、もう一回しつこく訊いてしまい、失礼いたしました。

シヴァ神　だからさあ、もったいないんで。もうちょっと目にものを見せて、いろんなことが起きたときに、もうちょっと解説してやってもいいかなと思う。何も起きてないのにしゃべったら、バカみたいじゃないか。手の内はあまり明かしちゃいけないので。これから起きるんだから、いろんなことが。

質問者C　第二、第三の波が……。

シヴァ神　来ますよ。

質問者C　「第五の波まで」と言う霊人《れいじん》もいますけれども。

シヴァ神　うん。たぶん、まだリストラされないで、生き残ってるんじゃないか？　まだ六十歳《さい》は来てない？

質問者C　来ていないです。

シヴァ神　ああ、じゃあ、もうちょっともつかもしらんな。まあ、編集にいるかどうかは知らんけど、編集の嘱託《しょくたく》か何かで残っている可能性はあるかもしれないから、それを見ることはできるかもしらん。うん。

7　シヴァ神が語る近未来予言

この程度では「大救世主信仰《しんこう》」は起きない

質問者Ａ　今は世界大乱の情勢になっているので、近日、その働きがはっきりと分かってくると考えていいということですか。

シヴァ神　うーん……、たぶん、君らはまだ生きてるだろうとは思うよ、おそらくね。まだ、そんなに行ってない。というか、エル・カンターレ在世中には起きることにはなってはいるので。そのための救世主なので、ええ。

質問者C　本当に、いろいろな霊人《れいじん》の、さまざまなリーディングや霊言《れいげん》等のお話を聴《き》きますと、非常に危機的な未来が想定されておりまして、「五段階目まで来る」と言う方もいらっしゃいます。これは本当に、まだまだ第二、第三、第四まで、そういう天変地異的なものを含《ふく》めて考えられるということでしょうか。

シヴァ神　日本だって、八百人や九百人が死んだぐらいじゃ、君、まだ、「大救世主信仰《しんこう》」なんか起きないでしょう？　このくらいじゃあ。でしょう？　そんなもん。

質問者C　ということは、かなり？

シヴァ神　だって、インフルエンザで七千人から一万人は死ぬっていうのにさあ、そんな八百人やそこらが死んだぐらいで、それで「大救世主が必要だ」って言うかい？

そんなんじゃなくて、「新しい、アビガンじゃない、もうちょっといい薬をつくれ」とか、それで終わりだろう？　な？　こんなもんじゃ終わらないんだよ。

だから、もしだよ？　仮の話だけどね、このアメリカと中国が、突如《とつじょ》、巨大《きょだい》なドラゴン 対 キング・コングみたいな戦いを始めたときは、それは、日本は真《ま》っ青《さお》にはなるわな。おそらくはな、真っ青になるだろう。

そのへんになってくると、もうちょっと、舞台袖《ぶたいそで》で観《み》てるような緊張《きんちょう》感が走ってくるからさあ。もうちょっと、いろんなものの実相《じっそう》を明らかにすることはできるとは思う。

今、トランプさんが、ツイッター社と戦いながら、本心をあなたがたにも言わなくなってきているから。考えている。

質問者B　では、今後、バージョンアップされると。

シヴァ神　うん。君はイナゴだけ一生懸命《いっしょうけんめい》に呼んでるけどさあ。（手で印《いん》を結びながら）〝イナゴ導師《どうし》〟で、昔は、ズールー神の下でイナゴを呼んどったかもしれないからさあ。

だけど、あちらは〝もうちょっと近代的なこと〟を考えていると思うから（笑）、もうちょっと待ったらいいよ。盛り上がってくるから。少なくとも、今年は大統領選があるからな。

質問者B　ああ、なるほど。はい。

シヴァ神　盛り上がりは、そんなに長い時間ではなく、何かトピックスが起きるとは思うので。

質問者B　そうですね。

シヴァ神　まあ、見てたらいい。大川隆法の応援《おうえん》演説はできない状況《じょうきょう》かもしれないけどね。

シヴァ神は今回、〝替《か》え玉〟として出てきている？

質問者C　宇宙的なことに関して、もう一言《ひとこと》だけ、ぜひご指導を賜《たまわ》れればと思います。

今、ヤイドロン、R・A・ゴール、メタトロンなど、救世主資格を持たれた大

●ヤイドロン　幸福の科学を支援している宇宙人の一人。地球霊界における高次元霊的な力を持っており、「正義の神」に相当する。『イエス　ヤイドロン　トス神の霊言』（幸福の科学出版刊）等参照。

きな宇宙的存在が、大川隆法総裁先生を通じてのみですけれども、高次元の光を投げかけて、人類を指導してくださっております。

そうした宇宙的存在の方々と、シヴァ神様の、今のインド的、または地球的なグローバルな眼のところとはつながってはいるのでしょうか。

シヴァ神　私はねえ、〝替《か》え玉〟なんだよ。

質問者C　替え玉!?

シヴァ神　うーん。

質問者C　替え玉ですか。

●R・A・ゴール　幸福の科学を支援している宇宙人の一人。宇宙防衛軍の司令官の一人であり、メシア（救世主）資格を持つ。『「UFOリーディング」写真集』（幸福の科学出版刊）等参照。

シヴァ神　大川紫央《しお》総裁補佐《ほさ》がね、「このままではR・A・ゴールさんが〝犯人〟だと思われる可能性があるから、やっぱり、シヴァ神あたりにかぶってもらえ」と、なんか言っているからさあ。「まあ、いいよ」っていうことで、替え玉で出てきて。〝地球産〟の人が責任を取らなきゃいけないんだよ。宇宙人に責任をかけちゃいけないから。

「宇宙人憎《にく》し」という、次の世代で、また変なのが起きちゃいけないから。「R・A・ゴールは、そんな直接に介入《かいにゅう》はしてないんだ」ということで、「シヴァ神が悪さをしてるんだということにしてほしい」っていうご依頼《いらい》があって、替え玉で出てきてるんだからさあ。〝真犯人〟は別かもしれないけど、いちおう私がやってることにするから、いろんな悪いことは。イナゴもね、私がズールー神に命じて飛ばしてることにしてもいいよ。

●メタトロン　幸福の科学を支援している宇宙人で、光の神の一人。イエス・キリストの宇宙の魂（アモール）の一部。『メタトロンの霊言』（幸福の科学出版刊）等参照。

まあ、もうすぐ起きるけど、でも、ただ、ずばり真っ当な信仰を集めている神が起こしたと思うと、ちょっと心が重くなるから、君たちはそういうふうに思わないで、未知なる「戦闘《せんとう》の神」っていうか、「破壊《はかい》の神」っていうか、まあ、「宇宙的なパワー」とかなんかいろいろ働いたんだろうかな、というあたりで〝ボケてる〟と、ちょうどいいぐらいなんだよ。

質問者A　分かりました。

これからしばらく〝面白《おもしろ》いこと〟が起きる

質問者A　そろそろお時間です。いずれ使命が明らかにされていくのを……。

シヴァ神　まあ、かわいそうだけどなあ、君ねえ、最低でも八次元まで上がってこなきゃ、話になんないんだよ。

質問者C　まことに申し訳ありません。

シヴァ神　そのレベルじゃあさ、無理なんだよ。もっと、もう一段上がらなきゃ。修行《しゅぎょう》が足りとらんのだよ。

質問者C　悟《さと》りが至らず、まことに申し訳ありません。

シヴァ神　駄目《だめ》だなあ……。君（質問者C）も、どっちかといったら〝古本屋のおやじ〟になりたいほうだろう？

質問者C　まことに申し訳ありません。

質問者A　ぜひまた、次の機会に、お話をお伺《うかが》いできるのを楽しみにしたいと思います。

シヴァ神　君（質問者A）はトランプさんの〝脇腹《わきばら》〟のところを、一生懸命、狙《ねら》ってるようだから、どこかでつながるといいねえ。

質問者A　はい。ぜひ、その節はよろしくお願いします。

シヴァ神　君（質問者B）の期待に応《こた》えて、バッタを一生懸命、私も呼ぶように努力するよ。ねえ？　来ないと、「ザ・リバティ」が外れたって言われるんだろう？　「嘘《うそ》ついた」って言って。

質問者B　いえいえ、別に、あの、それは……（笑）。

シヴァ神　「人を脅《おど》して、嘘をついた」と言うて。バッタに期待しとったのに、全然援軍は来なかった。自衛隊よりバッタかよっていう話だよねえ（笑）。まあ、そうなるけど。でも、バッタでも呼ばないと、自衛隊は動けやせんからねえ。しようがないよね。

まあ、でも、これからしばらく面白《おもしろ》いから、定年でクビにされないように、ちょっと粘《ねば》れな。頑張《がんば》ってな。ちょっと寿命《じゅみょう》を延ばして、仕事寿命を延ばしてね、いいところにいさせてもらえないと、面白いことを見ることができない可能性があるから、よりよく生きることを努力していきなさい。

私はね、今、〝優《やさ》しい人間〟を心掛《こころが》けてるのよ。優しーく、優しーく、ズバッとやるときにやる。本当に狙っている獲物《えもの》には、優しーく、優しく、気配《けはい》を感じられないように忍《しの》び寄っていかなければいけないいんだよ。「やるぞ、やるぞ」って言うやつは、ろくなことがないからね。

質問者Ａ　はい。楽しみにさせていただきます。

シヴァ神　うん。

質問者Ａ　本日は、貴重なお話をお伺いしまして、まことにありがとうございました。

シヴァ神　はい。

8　シヴァ神の霊言《れいげん》を終えて

大川隆法　（手を二回叩《たた》く）ということで、前回のインド的な民族神とは、だいぶ違《ちが》った感じではあります。私もよくは分かりませんが、トランプさんの起源《きげん》にどこかつながっているものがあるような感じはしました。

そして、九次元のなかに、いろいろな仕掛《しか》けをするような、「荒神《あらがみ》的な部分」をやっている人は、やはり、いるのでしょうが、その特定は、なかなかそう簡単にはされないようにしているのではないかと思っています。

「言わない」ということは、「そこまでしか明かせない」ということですから、しかたがありません。まあ、それでよいと思いますが、シヴァ神にしては、幅広《はばひろ》い教養に裏付けられたような存在を感じました。

「R・A・ゴールの身代《みが》わり」とおっしゃっているので、「地球的にやったことにしなければいけないので」というあたりで、本心を受け止めるしかないと思います。

こんなところでよいでしょうか。何か訊《き》きたかったですか。もうちょっと、何か具体的な名前を引っ張り出したいですか。

これでいいですよね？　「実は坂本龍馬《さかもとりょうま》なのじゃ！」などと言ってきたら、本当に困りますからね（笑）。

質問者一同　（笑）

大川隆法　そういうことは困るので、言わないほうがいいですよね。

そういうことで、特定できませんが、まあ、そういうことです（手を一回叩く）。

質問者A　はい。ありがとうございました。

質問者B・C　ありがとうございます。

大川隆法　はい。

あとがき

けさ、夢を見た。十七個の頭と尾を持ち、羽根を持った巨龍が、日本近海で暴れて、それ以外にも、頭が三つとか、五つとかの龍も何匹《なんびき》か暴れていた。アメリカ軍艦隊と、ドイツ艦隊が救援にかけつけてくれた。しかし、彼らは、巨龍に最初の弾丸《たま》を撃つべきは日本であるという。だが、日本の自衛隊は、砲弾もミサイルも、「法律上の根拠が見当らない。」という理由で撃てなかった。

私は、霊的パワーを使って、十七個の頭を持つ巨龍を金縛《かなしば》りにし、十三個の頭と四個の頭の龍に引き裂き、日本の領土にいったん引っぱり上げた。

しかし、自衛隊が武器を使えないと言い、旧約聖書のダビデが巨人ゴリアテを倒した時のように、二つの石をロープで結びつけて、龍に投げつけるという作戦を立てた。そして、それを作るのに四時間かかるという。

その間に、巨龍も他の龍も海に逃れて、さんざんに暴れまくって、去っていった。

この夢解《ゆめと》きは、近未来に明らかになるだろう。これはおそらく、シヴァ神からの黙示録《もくしろく》だと思う。

二〇二〇年　七月三十一日

幸福《こうふく》の科学《かがく》グループ創始者兼総裁《そうししゃけんそうさい》　大川隆法《おおかわりゅうほう》

『シヴァ神の眼から観た地球の未来計画』関連書籍

『太陽の法』（大川隆法 著　幸福の科学出版刊）
『黄金の法』（同右）
『永遠の法』（同右）
『コロナ不況下のサバイバル術』（同右）
『毛沢東の霊言』（同右）
『大中華帝国崩壊への序曲――中国の女神 洞庭湖娘娘、泰山娘娘
／アフリカのズールー神の霊言――』（同右）
『イエス　ヤイドロン　トス神の霊言』（同右）
『守護霊インタビュー ドナルド・トランプ アメリカ復活への戦略』（同右）
『アメリカ合衆国建国の父　ジョージ・ワシントンの霊言』（同右）

シヴァ神《しん》の眼《め》から観《み》た地球《ちきゅう》の未来計画《みらいけいかく》

2020年8月8日　初版第1刷

著　者　　大《おお》川《かわ》隆《りゅう》法《ほう》

発行所　　幸福の科学出版株式会社

〒107-0052 東京都港区赤坂2丁目10番8号
TEL(03)5573-7700
https://www.irhpress.co.jp/

印刷・製本　株式会社 研文社

落丁・乱丁本はおとりかえいたします

ISBN978-4-8233-0204-6 C0014

大川隆法ベストセラーズ・地球神の計画を語る

新しき繁栄の時代へ

地球にゴールデン・エイジを実現せよ

アメリカとイランの対立、中国と香港・台湾の激突、地球温暖化問題、国家社会主義化する日本──。混沌化する国際情勢のなかでの、世界のあるべき姿とは。

1,500円

釈尊の未来予言

新型コロナ危機の今と、その先をどう読むか──。「アジアの光」と呼ばれた釈尊が、答えなき混沌の時代に、世界の進むべき道筋と人類の未来を指し示す。

1,400円

大中華帝国崩壊への序曲

中国の女神 洞庭湖《どうていこ》娘娘《ニャンニャン》、泰山《たいざん》娘娘《ニャンニャン》／アフリカのズールー神の霊言

唯物論・無神論の国家が世界帝国になることはありえない──。コロナ禍に加え、バッタ襲来、大洪水等、中国で相次ぐ天災の「神意」と「近未来予測」。

1,400円

メタトロンの霊言

危機にある地球人類への警告

中国と北朝鮮の崩壊、中東で起きる最終戦争、裏宇宙からの侵略──。キリストの魂と強いつながりを持つ最上級天使メタトロンが語る、衝撃の近未来。

1,400円

※表示価格は本体価格(税別)です。

大川隆法 霊言シリーズ・唯物論・無神論国家への警鐘

守護霊霊言　習近平の弁明

中国発・新型コロナウィルス蔓延に苦悩する指導者の本心

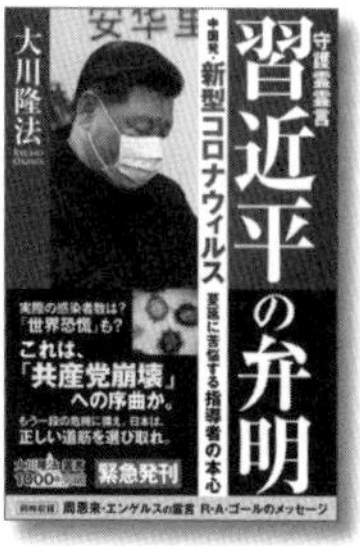

新型肺炎の全世界への感染拡大は「中国共産党崩壊」の序曲か――。中国政府の隠蔽体質の闇、人命軽視の悪を明らかにし、日本が取るべき正しい道筋を示す。

1,400円

習近平守護霊 ウイグル弾圧を語る

ウイグル"強制収容所"の実態、チャイナ・マネーによる世界支配戦略、宇宙進出の野望――。暴走する独裁国家の狙い、そして、人権と信仰を護るための道とは。

1,400円

毛沢東の霊言

中国覇権主義、暗黒の原点を探る

言論統制、覇権拡大、人民虐殺――、中国共産主義の根幹に隠された恐るべき真実とは。中国建国の父・毛沢東の虚像を打ち砕く！

1,400円

中国 虚像の大国

商鞅・韓非・毛沢東・林彪の霊言

世界支配を目論む習近平氏が利用する「法家思想」と「毛沢東の権威」。その功罪と正体を明らかにし、闇に覆われた中国共産主義の悪を打ち破る一書。

1,400円

大川隆法ベストセラーズ・未来文明を拓くために

人の温もりの経済学

アフターコロナのあるべき姿

世界の「自由」を護り、「経済」を再稼働させるために――。コロナ禍で蔓延する全体主義の危険性に警鐘を鳴らし、「知恵のある自助論」の必要性を説く。

1,500円

トマス・モアのユートピアの未来

コロナ・パンデミック、ブレグジット問題、AIによる監視社会など、混乱を極める世界において、真の「ユートピア」を実現するための見取り図を示す。

1,400円

長谷川慶太郎の未来展望

コロナ禍の世界をどう見るか

「神の政治学」「神の経済学」を21世紀前期に打ち樹てられるか？ 世界恐慌の可能性、米中覇権戦争の行方などを、“霊界国際エコノミスト”が大胆予測！

1,400円

P. F. ドラッカー「未来社会の指針を語る」

時代が要請する「危機のリーダー」とは？ 世界恐慌も経験した「マネジメントの父」ドラッカーが語る、「日本再浮上への提言」と「世界を救う処方箋」。

1,500円

※表示価格は本体価格（税別）です。

大川隆法ベストセラーズ・コロナ・パンデミックの真相に迫る

コロナ不況下のサバイバル術

恐怖ばかりを煽るメディア報道の危険性や問題点、今後の経済の見通し、心身両面から免疫力を高める方法など、コロナ危機を生き延びる武器となる一冊。

1,500円

イエス・キリストはコロナ・パンデミックをこう考える

中国発の新型コロナウィルス感染がキリスト教国で拡大している理由とは？ 天上界のイエスが、世界的な猛威への見解と「真実の救済」とは何かを語る。

1,400円

中国発・新型コロナウィルス人類への教訓は何か

北里柴三郎 R・A・ゴールの霊言

未曾有のウィルス蔓延で、文明の岐路に立つ人類──。日本の細菌学の父による「対策の要点」と、宇宙の視点から見た「世界情勢の展望」が示される。

1,400円

中国発・新型コロナウィルス感染 霊査

中国から世界に感染が拡大する新型ウィルスの真相に迫る！ その発生源や"対抗ワクチン"とは何かなど、宇宙からの警告とその背景にある天意を読み解く。

1,400円

ドキュメンタリー映画
奇跡との出会い。
―心に寄り添う。3―
それは、あなたの人生にも起こる。
末期ガン、白血病、心筋梗塞、不慮の事故――
医者も驚く奇跡現象を体験した人びと。
その真実を描いた感動のドキュメンタリー。
国際インディペンデント映画賞（ロサンゼルス）2020春期 長編ドキュメンタリー部門 ゴールド賞
国際インディペンデント映画賞（ロサンゼルス）2020春期 コンセプト部門 ゴールド賞
企画／大川隆法
出演／希島 凛　市原綾真　監督／奥津貴之　音楽／水澤有一
製作／ARI Production　製作協力／ニュースター・プロダクション　配給／日活　配給協力／東京テアトル
©2020 ARI Production
8月28日（金）公開
HELLO! MOVIE方式による音声ガイド・日本語字幕対応
一部劇場で、期間限定バリアフリー字幕付き上映もございます。
G
20086-A

すべてを捨て、ただ一人往く。
夜明けを信じて。
製作総指揮・原作 大川隆法
10.16
Roadshow
田中宏明 千眼美子 長谷川奈央 並樹史朗 窪塚俊介 芳本美代子 芦川よしみ 石橋保
監督／赤羽博 音楽／水澤有一 脚本／大川咲也加 製作／幸福の科学出版 製作協力／ARI Production ニュースター・プロダクション
制作プロダクション／ジャンゴフィルム 配給／日活 配給協力／東京テアトル ©2020 IRH Press
https://yoake-shinjite.jp/

幸福の科学グループのご案内

宗教、教育、政治、出版などの活動を通じて、地球的ユートピアの実現を目指しています。

幸福の科学

一九八六年に立宗。信仰の対象は、地球系霊団の最高大霊、主エル・カンターレ。世界百カ国以上の国々に信者を持ち、全人類救済という尊い使命のもと、信者は、「愛」と「悟り」と「ユートピア建設」の教えの実践、伝道に励んでいます。

（二〇二〇年八月現在）

愛

幸福の科学の「愛」とは、与える愛です。これは、仏教の慈悲《じひ》や布施《ふせ》の精神と同じことです。信者は、仏法真理をお伝えすることを通して、多くの方に幸福な人生を送っていただくための活動に励んでいます。

悟り

「悟り」とは、自らが仏の子であることを知るということです。教学《きょうがく》や精神統一によって心を磨き、智慧《ちえ》を得て悩みを解決すると共に、天使・菩薩《ぼさつ》の境地を目指し、より多くの人を救える力を身につけていきます。

ユートピア建設

私たち人間は、地上に理想世界を建設するという尊い使命を持って生まれてきています。社会の悪を押しとどめ、善を推し進めるために、信者はさまざまな活動に積極的に参加しています。

国内外の世界で貧困や災害、心の病で苦しんでいる人々に対しては、現地メンバーや支援団体と連携して、物心両面にわたり、あらゆる手段で手を差し伸べています。

年間約２万人の自殺者を減らすため、全国各地で街頭キャンペーンを展開しています。

公式サイト **www.withyou-hs.net**

ヘレン・ケラーを理想として活動する、ハンディキャップを持つ方とボランティアの会です。視聴覚障害者、肢体不自由な方々に仏法真理を学んでいただくための、さまざまなサポートをしています。

公式サイト **www.helen-hs.net**

入会のご案内

幸福の科学では、大川隆法総裁が説く仏法真理《ぶっぽうしんり》をもとに、「どうすれば幸福になれるのか、また、他の人を幸福にできるのか」を学び、実践しています。

入 会

仏法真理を学んでみたい方へ

大川隆法総裁の教えを信じ、学ぼうとする方なら、どなたでも入会できます。入会された方には、『入会版「正心法語《しょうしんほうご》」』が授与されます。

ネット入会 入会ご希望の方はネットからも入会できます。
happy-science.jp/joinus

三帰《さんき》誓願《せいがん》

信仰をさらに深めたい方へ

仏弟子としてさらに信仰を深めたい方は、仏《ぶっ》・法《ぽう》・僧《そう》の三宝《さんぽう》への帰依を誓う「三帰誓願式」を受けることができます。三帰誓願者には、『仏説・正心法語』『祈願文《きがんもん》①』『祈願文②』『エル・カンターレへの祈り』が授与されます。

幸福の科学 サービスセンター
TEL 03-5793-1727
（受付時間／火～金：10～20時 土・日祝：10～18時（月曜を除く））

幸福の科学 公式サイト
happy-science.jp

ハッピー・サイエンス・ユニバーシティ

Happy Science University

ハッピー・サイエンス・ユニバーシティとは

ハッピー・サイエンス・ユニバーシティ（HSU）は、大川隆法総裁が設立された「現代の松下村塾」であり、「日本発の本格私学」です。
建学の精神として「幸福の探究と新文明の創造」を掲げ、チャレンジ精神にあふれ、新時代を切り拓く人材の輩出を目指します。

人間幸福学部　経営成功学部　未来産業学部

HSU長生キャンパス TEL **0475-32-7770**
〒299-4325 千葉県長生郡長生村一松丙 4427-1

未来創造学部

HSU未来創造・東京キャンパス
TEL **03-3699-7707**
〒136-0076 東京都江東区南砂2-6-5 公式サイト **happy-science.university**

学校法人 幸福の科学学園

学校法人 幸福の科学学園は、幸福の科学の教育理念のもとにつくられた教育機関です。人間にとって最も大切な宗教教育の導入を通じて精神性を高めながら、ユートピア建設に貢献する人材輩出を目指しています。

幸福の科学学園

中学校・高等学校（那須本校）
2010年4月開校・栃木県那須郡（男女共学・全寮制）
TEL **0287-75-7777** 公式サイト **happy-science.ac.jp**

関西中学校・高等学校（関西校）
2013年4月開校・滋賀県大津市（男女共学・寮及び通学）
TEL **077-573-7774** 公式サイト **kansai.happy-science.ac.jp**

仏法真理塾「サクセスNo.1」

全国に本校・拠点・支部校を展開する、幸福の科学による信仰教育の機関です。小学生・中学生・高校生を対象に、信仰教育・徳育にウエイトを置きつつ、将来、社会人として活躍するための学力養成にも力を注いでいます。

TEL 03-5750-0751(東京本校)

エンゼルプランV

東京本校を中心に、全国に支部教室を展開しています。信仰に基づいて、幼児の心を豊かに育む情操教育を行っています。また、知育や創造活動を通して、子どもの個性を大切に伸ばし、天使に育てる幼児教室です。

TEL 03-5750-0757(東京本校)

不登校児支援スクール「ネバー・マインド」

TEL 03-5750-1741

心の面からのアプローチを重視して、不登校の子供たちを支援しています。

ユー・アー・エンゼル!(あなたは天使!)運動

障害児の不安や悩みに取り組み、ご両親を励まし、勇気づける、障害児支援のボランティア運動を展開しています。

一般社団法人 ユー・アー・エンゼル

TEL 03-6426-7797

NPO活動支援

学校からのいじめ追放を目指し、さまざまな社会提言をしています。また、各地でのシンポジウムや学校への啓発ポスター掲示等に取り組む一般財団法人「いじめから子供を守ろうネットワーク」を支援しています。

公式サイト mamoro.org　ブログ blog.mamoro.org

相談窓口 TEL.03-5544-8989

百歳まで生きる会

「百歳まで生きる会」は、生涯現役人生を掲げ、友達づくり、生きがいづくりをめざしている幸福の科学のシニア信者の集まりです。

シニア・プラン21

生涯反省で人生を再生・新生し、希望に満ちた生涯現役人生を生きる仏法真理道場です。定期的に開催される研修には、年齢を問わず、多くの方が参加しています。

全世界212カ所(国内197カ所、海外15カ所)で開校中。

【東京校】 TEL 03-6384-0778　FAX 03-6384-0779

メール senior-plan@kofuku-no-kagaku.or.jp

幸福実現党

内憂外患《ないゆうがいかん》の国難に立ち向かうべく、2009年5月に幸福実現党を立党しました。創立者である大川隆法党総裁の精神的指導のもと、宗教だけでは解決できない問題に取り組み、幸福を具体化するための力になっています。

党の機関紙
「幸福実現党NEWS」

幸福実現党 釈量子サイト　**shaku-ryoko.net**
Twitter　**釈量子@shakuryokoで検索**

幸福実現党　党員募集中

あなたも幸福を実現する政治に参画しませんか。

○幸福実現党の理念と綱領、政策に賛同する18歳以上の方なら、どなたでも参加いただけます。
○党費：正党員（年額5千円［学生 年額2千円］）、特別党員（年額10万円以上）、家族党員（年額2千円）
○党員資格は党費を入金された日から1年間です。
○正党員、特別党員の皆様には機関紙「幸福実現党NEWS（党員版）」（不定期発行）が送付されます。

＊申込書は、下記、幸福実現党公式サイトでダウンロードできます。
住所：〒107-0052　東京都港区赤坂2-10-8 6階 幸福実現党本部
TEL **03-6441-0754**　FAX **03-6441-0764**
公式サイト **hr-party.jp**

出版 メディア 芸能文化 幸福の科学グループ

幸福の科学出版

大川隆法総裁の仏法真理の書を中心に、ビジネス、自己啓発、小説など、さまざまなジャンルの書籍・雑誌を出版しています。他にも、映画事業、文学・学術発展のための振興事業、テレビ・ラジオ番組の提供など、幸福の科学文化を広げる事業を行っています。

アー・ユー・ハッピー？
are-you-happy.com

ザ・リバティ
the-liberty.com

幸福の科学出版
TEL **03-5573-7700**
公式サイト **irhpress.co.jp**

THE FACT

ザ・ファクト
マスコミが報道しない「事実」を世界に伝えるネット・オピニオン番組

ザ・ファクト 検索

NEW STAR PRODUCTION

ニュースター・プロダクション

「新時代の美」を創造する芸能プロダクションです。多くの方々に良き感化を与えられるような魅力あふれるタレントを世に送り出すべく、日々、活動しています。 公式サイト **newstarpro.co.jp**

ARI Production

ARI《アリ》 Production《プロダクション》

タレント一人ひとりの個性や魅力を引き出し、「新時代を創造するエンターテインメント」をコンセプトに、世の中に精神的価値のある作品を提供していく芸能プロダクションです。 公式サイト **aripro.co.jp**

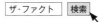

大川隆法　講演会のご案内

大川隆法総裁の講演会が全国各地で開催されています。講演のなかでは、毎回、「世界教師」としての立場から、幸福な人生を生きるための心の教えをはじめ、世界各地で起きている宗教対立、紛争、国際政治や経済といった時事問題に対する指針など、日本と世界がさらなる繁栄の未来を実現するための道筋が示されています。

2019 年 12 月17 日 さいたまスーパーアリーナ「新しき繁栄の時代へ」

2019年10月6日 ザ ウェスティン ハーバーキャッスル トロント(カナダ)「The Reason We Are Here」

2019年7月5日 福岡国際センター「人生に自信を持て」

2019年3月3日 グランド ハイアット 台北(台湾)「愛は憎しみを超えて」

2019年7月13日 ホテル イースト 21 東京「幸福への論点」

講演会には、どなたでもご参加いただけます。
最新の講演会の開催情報はこちらへ。⟹

大川隆法総裁公式サイト
https://ryuho-okawa.org